세밀화로 그린 보리 어린이
잠자리 도감

세밀화로 그린 보리 어린이
잠자리 도감

그림 / 옥영관
글 / 정광수

편집 / 김종현, 정진이
디자인 / 이안디자인
제작 / 심준엽
영업·홍보 / 송추향, 안명선, 양병희, 이옥한, 정영지, 조병범, 조서연, 최민용
경영 지원 / 임혜정, 전범준, 한선희
분해와 출력, 인쇄 / (주)로얄프로세스
제본 / (주)과성제책

1판 1쇄 펴낸 날 / 2016년 10월 1일
1판 2쇄 펴낸 날 / 2017년 7월 3일
펴낸이 / 윤구병
펴낸 곳 / (주)도서출판 보리
출판등록 / 1991년 8월 6일 제9-279호
주소 / 경기도 파주시 직지길 492 우편번호 10881
전화 / (031)955-3535 전송 / (031)950-9501
누리집 / www.boribook.com 전자우편 / bori@boribook.com

ⓒ 정광수, 보리 2016
이 책의 내용을 쓰고자 할 때는 저작권자와 출판사의 허락을 받아야 합니다.
잘못된 책은 바꾸어 드립니다.
값 35,000원
보리는 나무 한 그루를 베어 낼 가치가 있는지 생각하며 책을 만듭니다.

ISBN 978-89-8428-934-5 76400   978-89-8428-544-6 (세트)
이 책의 국립중앙도서관 출판시도서목록(CIP)은 서지정보유통지원시스템 홈페이지(http://seoji.nl.go.kr)와
국가자료공동목록시스템(http://www.nl.go.kr/kolisnet)에서 이용하실 수 있습니다.
(CIP제어번호: CIP2016022046)

제품명: 도서 제조자명: (주)도서출판 보리 주소: (10881) 경기도 파주시 직지길 492 전화번호: (031) 955-3535
제조년월일: 2017년 7월 제조국: 대한민국 사용연령: 8세 이상 주의사항: 책의 모서리가 날카로우니 다치지 않게 주의하세요.
KC 마크는 이 제품이 공통안전기준에 적합하였음을 의미합니다.

세밀화로 그린 보리 어린이

잠자리 도감

우리 땅에 사는 잠자리 95종

그림 옥영관 | 글 정광수

보리

일러두기

1. 이 책에는 우리나라에서 사는 잠자리 95종이 실려 있습니다.

2. 잠자리는 분류 순서대로 실었습니다. 잠자리는 크게 실잠자리아목과 잠자리아목으로 나눕니다. 실잠자리아목은 물잠자리과, 실잠자리과, 방울실잠자리과, 청실잠자리과 차례로 실었습니다. 잠자리아목은 왕잠자리과, 측범잠자리과, 장수잠자리과, 청동잠자리과, 잔산잠자리과, 잠자리과 차례로 실었습니다.

3. 잠자리 이름과 학명, 분류는 저자 의견을 따랐습니다.

4. 1부에는 잠자리에 대해 알아야 할 내용을 따로 정리해 놓았습니다. 또 잠자리마다 알아볼 수 있는 특징을 따로 정리해 놓았습니다. 2부는 잠자리 하나하나에 대해 설명해 놓았습니다.

5. 잠자리는 위에서 본 모습과 수컷, 암컷 옆모습을 따로 그렸습니다. 또 애벌레 모습도 넣었습니다. 세밀화 옆에는 그림이 실제 크기보다 얼마나 크고 작은지 비율을 써 놓았습니다.

6. 정보 상자를 두어 크기, 사는 곳, 나오는 때, 분포, 겨울나기, 알 낳기, 한살이를 한눈에 볼 수 있도록 정리했습니다.

7. 맞춤법과 띄어쓰기는 국립 국어원 누리집에 있는 《표준국어대사전》을 따랐습니다.

8. 잠자리 몸길이는 머리끝에서 배 끝까지 잰 길이입니다.

9. 본문 보기

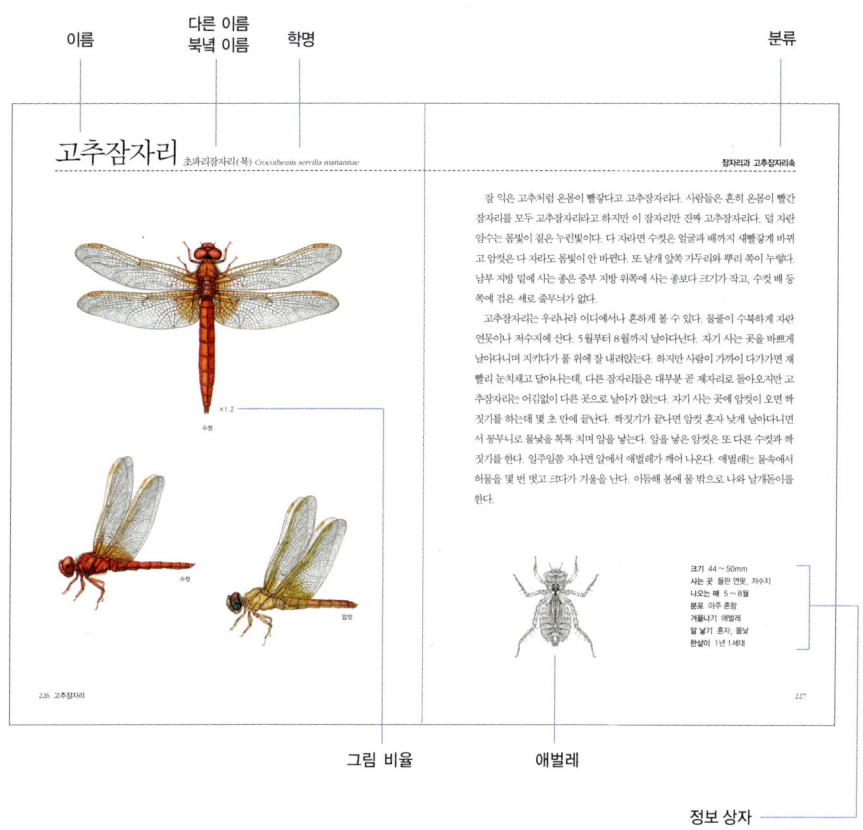

차례

일러두기 4
그림으로 찾아보기 8

잠자리란 무엇인가

잠자리란 무엇인가?
　진화 20
　특징 22

잠자리 생김새 24
　머리 26
　가슴 28
　배 30
　날개 32

잠자리 한살이 34
　짝짓기 36
　알 38
　알 낳기 40
　애벌레 42
　날개돋이 44

잠자리 생태
　사는 곳 46
　먹이와 천적 48
　자리 옮기기 50
　몸빛 바꾸기 52

잠자리 분류와 과별 특징 54
　실잠자리아목 특징 56
　잠자리아목 특징 58

잠자리 톺아보기 60

우리나라에 사는 잠자리

실잠자리아목
물잠자리과
검은물잠자리 82
물잠자리 84

실잠자리과
참실잠자리 86
북방실잠자리 88
작은등줄실잠자리 90
등줄실잠자리 92
등검은실잠자리 94
큰등줄실잠자리 96
왕실잠자리 98
왕등줄실잠자리 100
황등색실잠자리 102
아시아실잠자리 104
북방아시아실잠자리 106
푸른아시아실잠자리 108
작은실잠자리 110
노란실잠자리 112
새노란실잠자리 114
연분홍실잠자리 116

방울실잠자리과
방울실잠자리 118
자실잠자리 120
큰자실잠자리 122

청실잠자리과
좀청실잠자리 124
큰청실잠자리 126
묵은실잠자리 128
가는실잠자리 130

잠자리아목
왕잠자리과
별박이왕잠자리 132
애별박이왕잠자리 134
참별박이왕잠자리 136
남방왕잠자리 138
왕잠자리 140
먹줄왕잠자리 142
도깨비왕잠자리 144
잘록허리왕잠자리 146
황줄왕잠자리 148
긴무늬왕잠자리 150
큰무늬왕잠자리 152
개미허리왕잠자리 154
한국개미허리왕잠자리 156
한라별왕잠자리 158

측범잠자리과
마아키측범잠자리 160
어리측범잠자리 162
호리측범잠자리 164
자루측범잠자리 166
노란배측범잠자리 168
산측범잠자리 170

쇠측범잠자리 172
검정측범잠자리 174
가시측범잠자리 176
노란측범잠자리 178
측범잠자리 180
꼬마측범잠자리 182
어리장수잠자리 184
어리부채장수잠자리 186
부채장수잠자리 188

장수잠자리과
장수잠자리 190

청동잠자리과
언저리잠자리 192
참북방잠자리 194
삼지연북방잠자리 196
밑노란잠자리 198
백두산북방잠자리 200

잔산잠자리과
산잠자리 202
잔산잠자리 204
노란잔산잠자리 206
만주잔산잠자리 208

잠자리과
대모잠자리 210
넉점박이잠자리 212
밀잠자리 214

중간밀잠자리 216
큰밀잠자리 218
홀쭉밀잠자리 220
배치레잠자리 222
꼬마잠자리 224
고추잠자리 226
밀잠자리붙이 228
날개띠좀잠자리 230
대륙좀잠자리 232
여름좀잠자리 234
고추좀잠자리 236
대륙고추좀잠자리 238
두점박이좀잠자리 240
노란잠자리 242
진노란잠자리 244
깃동잠자리 246
산깃동잠자리 248
들깃동잠자리 250
흰얼굴좀잠자리 252
두점배좀잠자리 254
애기좀잠자리 256
하나잠자리 258
긴꼬리고추잠자리 260
날개잠자리 262
된장잠자리 264
노란허리잠자리 266
나비잠자리 268
남색이마잠자리 270

찾아보기
우리 이름 찾아보기 274
학명 찾아보기 276
참고한 책 278
저자 소개 280

그림으로 찾아보기

실잠자리아목

물잠자리과

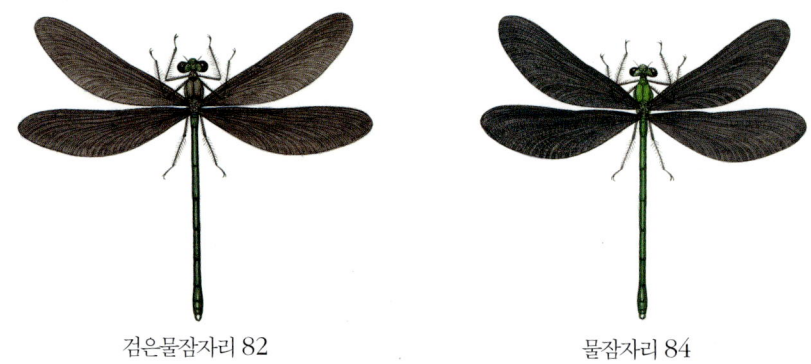

검은물잠자리 82

물잠자리 84

실잠자리과

참실잠자리 86

북방실잠자리 88

작은등줄실잠자리 90

등줄실잠자리 92

등검은실잠자리 94

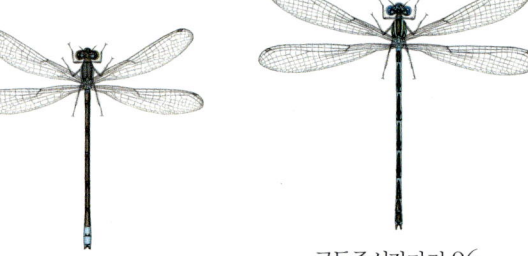

큰등줄실잠자리 96

방울실잠자리과

방울실잠자리 118

자실잠자리 120

큰자실잠자리 122

청실잠자리과

좀청실잠자리 124

큰청실잠자리 126

묵은실잠자리 128

가는실잠자리 130

잠자리아목

왕잠자리과

별박이왕잠자리 132
애별박이왕잠자리 134
참별박이왕잠자리 136
남방왕잠자리 138
왕잠자리 140
먹줄왕잠자리 142
도깨비왕잠자리 144
잘록허리왕잠자리 146
황줄왕잠자리 148

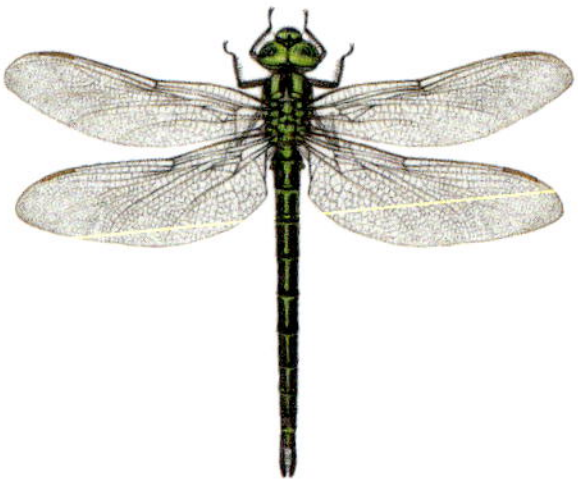

긴무늬왕잠자리 150

큰무늬왕잠자리 152

개미허리왕잠자리 154

한국개미허리왕잠자리 156

한라별왕잠자리 158

측범잠자리과

마아키측범잠자리 160

어리측범잠자리 162

호리측범잠자리 164

자루측범잠자리 166

노란배측범잠자리 168

12 그림으로 찾아보기

산측범잠자리 170
쇠측범잠자리 172
검정측범잠자리 174
가시측범잠자리 176
노란측범잠자리 178
측범잠자리 180
꼬마측범잠자리 182
어리장수잠자리 184
어리부채장수잠자리 186
부채장수잠자리 188

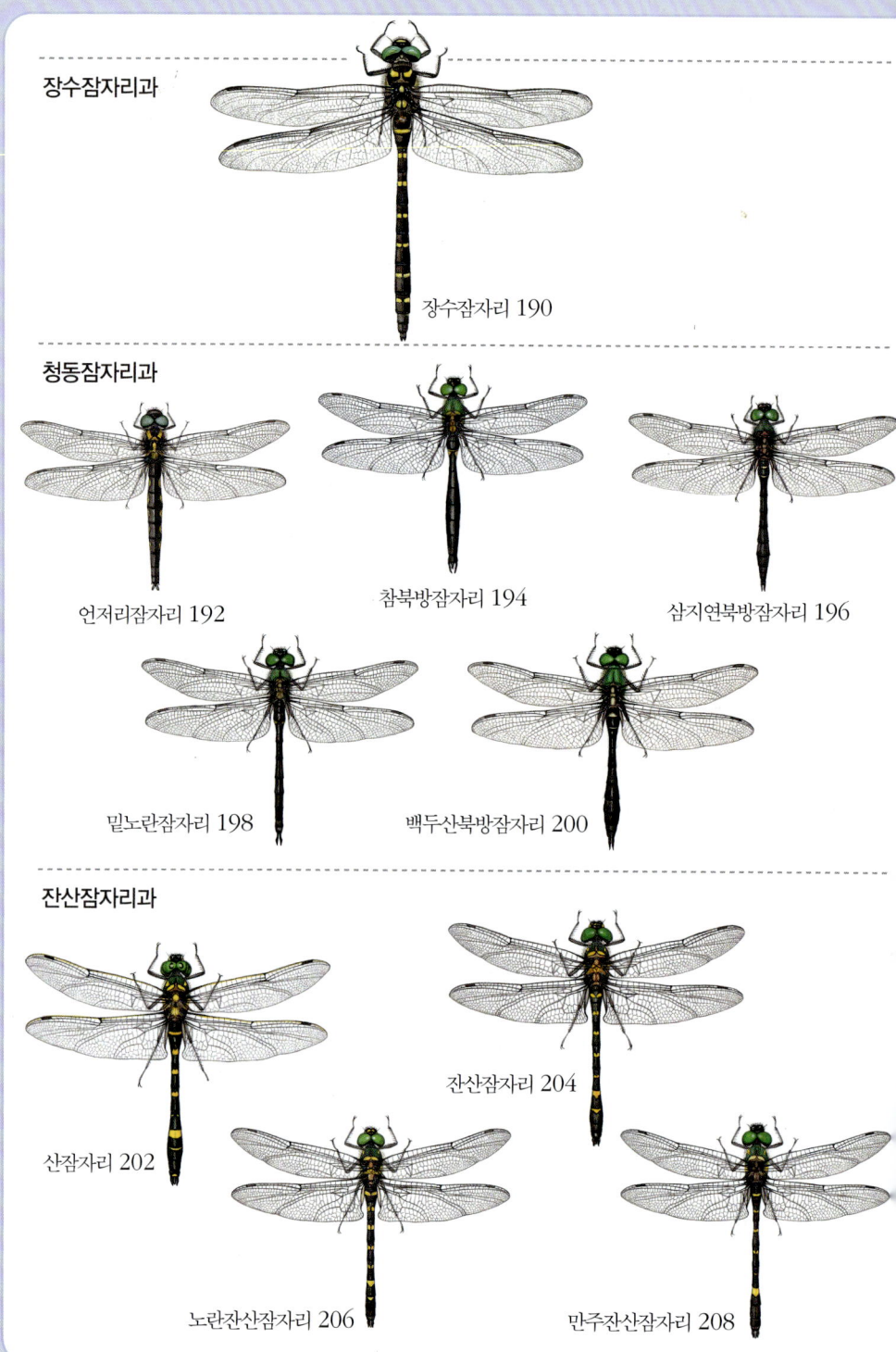

잠자리과

대모잠자리 210

넉점박이잠자리 212

밀잠자리 214

중간밀잠자리 216

큰밀잠자리 218

홀쭉밀잠자리 220

배치레잠자리 222

꼬마잠자리 224

고추잠자리 226

밀잠자리붙이 228

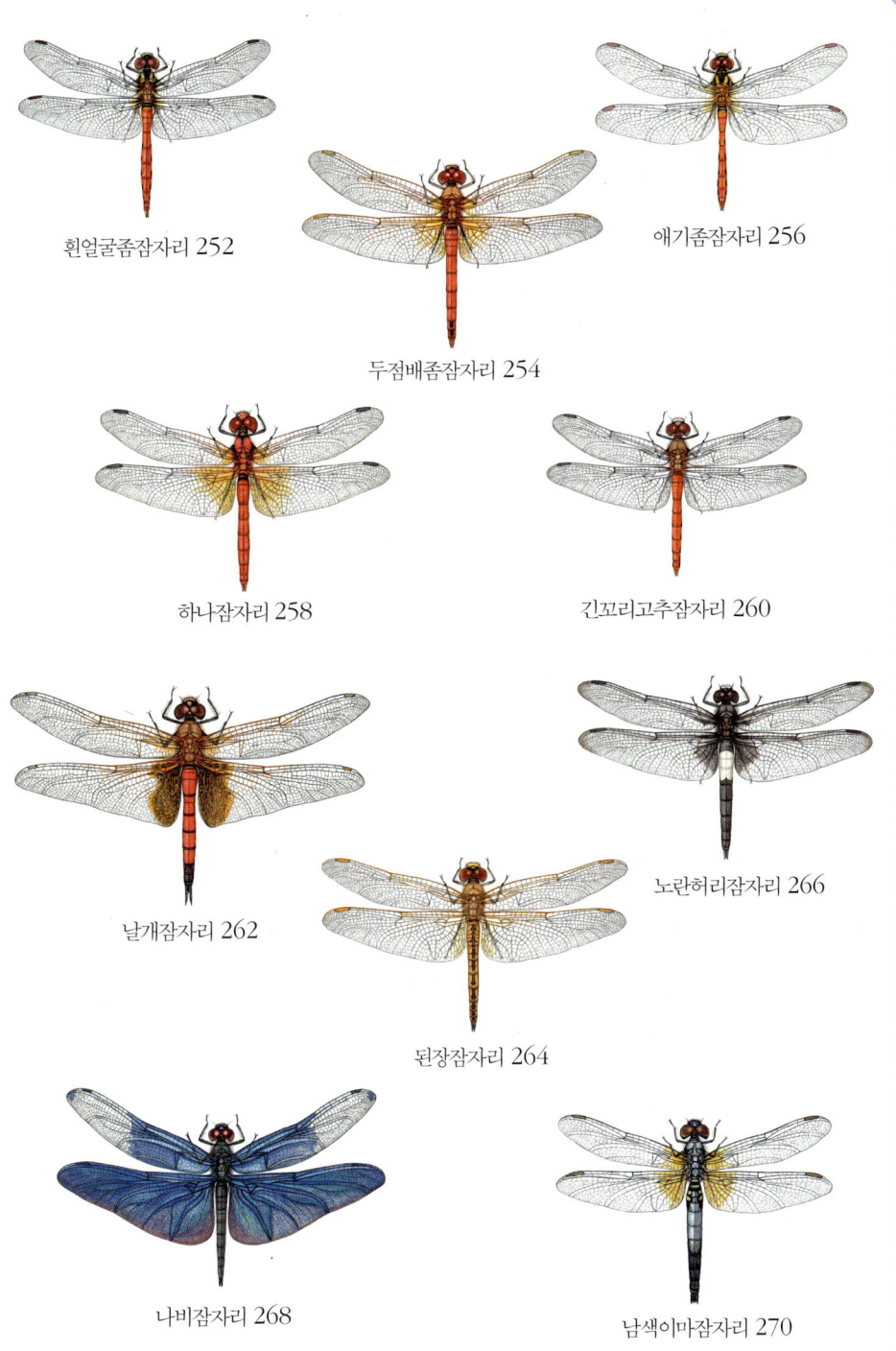

| 잠자리란 무엇인가? |

잠자리란 무엇인가?

잠자리 진화

　잠자리는 지구에 맨 처음 나타난 날개 달린 곤충이다. 고생대 석탄기인 3억 2,500만 년 전쯤에 나타난 원시잠자리(prodonata)가 잠자리 조상이다. 하지만 중생대가 되기 전에 모두 사라지고, 중생대 때 옛잠자리 무리가 나타났다. 옛잠자리 무리는 다시 잠자리 무리와 실잠자리 무리로 나뉘었다.
　원시잠자리는 날개 하나 길이가 1m가 넘을 정도로 몸집이 아주 컸다. 하지만 생김새는 지금 잠자리와 많이 닮았는데, 지금 잠자리와 달리 날개 가운데쯤에 있는 날개마디와 날개 끄트머리에 있는 날개무늬가 없었다. 1880년쯤 프랑스에서 석탄기 후기 땅켜를 파다가 잠자리 화석인 '메가네우라'를 찾아냈다. 이 잠자리는 날개를 편 길이가 75cm쯤 되었다. 석탄기 때에는 물기가 많고 기온이 높고 산소가 지금보다 훨씬 많았다. 그래서 곤충뿐만 아니라 다른 동물과 식물도 크기가 아주 컸다. 그 뒤로 기온이 내려가고 공기 속에 들어 있는 산소 양도 줄어들면서 원시잠자리들은 모두 사라지고, 다른 동식물 크기도 줄었다.
　그 뒤 2억 3,000년 전쯤인 중생대 트라이아스기에 '옛잠자리'라고 하는 지금 살고 있는 잠자리 조상이 나타났다. 옛잠자리 무리는 중생대 쥐라기 때 잠자리 무리와 실잠자리 무리로 나뉘었고, 그때 살던 모습이 크게 바뀌지 않고 지금까지 살아남았다. 그래서 잠자리는 살아있는 화석인 셈이다. 아직도 옛잠자리가 몇몇 곳에서 살고 있다. 지금은 옛잠자리 무리와 실잠사리 무리, 잠자리 무리로 크게 나눈다.

메가네우라 석탄기 후기 땅켜에서
찾아낸 옛날 잠자리 화석이다.
날개 편 길이가 75cm쯤 된다.

잠자리 특징

잠자리는 몸집에 견주어 날개가 커다랗다. 그래서 어떤 곤충보다도 잘 난다. 쏜살같이 날아서 먹이를 잡고, 제자리에 멈춰 날기도 하고 뒤로 날 수도 있다.

잠자리는 어른벌레와 애벌레 생김새와 사는 모습이 사뭇 다르다. 애벌레 때는 물속에서 산다. 물고기처럼 물속에서 숨을 쉴 수 있다. 어른벌레가 되면 물 밖으로 나온다. 애벌레 때 물 밖보다 더 안전한 물속에서 살기 때문에 오랜 세월 동안 사라지지 않고 살아남았다. 잠자리는 애벌레에서 어른벌레가 될 때 번데기를 거치지 않는다. 이것을 '안갖춘탈바꿈'이라고 한다.

잠자리는 앉을 때 날개를 접고 앉는 실잠자리 무리와 펴고 앉는 잠자리 무리로 크게 나눈다. 실잠자리 무리는 몸이 더 가늘고 겹눈이 서로 떨어져 양끝으로 넓게 벌어진다. 잠자리 무리는 겹눈이 서로 붙어 있다. 실잠자리 무리는 앞날개와 뒷날개 크기가 같지만, 잠자리 무리는 뒷날개가 더 크다.

잠자리는 가을에 나오는 것으로 많이 알고 있지만, 사실은 봄부터 늦가을까지 날아다닌다. 물이 있는 곳이면 산과 들 어디에서나 볼 수 있다. 잠자리목을 뜻하는 'odonata'는 '이빨'을 뜻하는 그리스 말인 'odon'에서 왔다. 잠자리가 이빨처럼 강한 턱을 가졌기 때문에 붙인 이름이다. 잠자리 영어 이름인 'Dragonfly'도 강한 턱과 이빨을 가진 전설 속 동물인 '용'에서 따온 이름이다. 우리나라에서는 중종 때 펴낸 《두시언해》에 '준자리'라는 이름이 처음 나온다. 지역마다 이름이 달라서 자마리(경기도, 전라북도), 참자리, 나마리(충청도), 철갱이(경상도), 장굴레(제주도), 잼자리(함경도)라고 하고 잠찌, 쨩아, 촐비, 잰잘나비, 천둥벌거숭이라고도 한다. 중국에서는 '청령, 청정'이라 하고 일본은 청령(蜻蛉)을 일본말로 바꿔 '톰보(トンボ)'라 한다.

여러 가지 잠자리

물잠자리

검은물잠자리

물잠자리

실잠자리

참실잠자리

새노란실잠자리

방울실잠자리

묵은실잠자리

왕잠자리

별박이왕잠자리

왕잠자리

잘록허리왕잠자리

측범잠자리

마아키측범잠자리

호리측범잠자리

쇠측범잠자리

잠자리

밀잠자리　　고추잠자리　　깃동잠자리　　날개잠자리

잠자리 생김새

　잠자리는 몸이 마디로 이어진다. 그래서 한자말로 '절지동물'이라고 한다. 다리가 많은 노래기와 거미, 게, 새우 따위도 몸에 마디가 있는 절지동물이다. 잠자리는 절지동물 가운데 곤충 무리에 든다. 곤충 무리는 몸이 머리, 가슴, 배로 나뉜다. 또 다리가 세 쌍 있다.

　잠자리도 몸이 머리, 가슴, 배로 나뉜다. 머리에는 커다란 겹눈이 한 쌍 있고 홑눈이 세 개 있다. 이마에 난 더듬이는 짧다. 입은 강한 턱이 있어서 먹이를 씹어 먹는다.

　가슴은 앞가슴, 가운뎃가슴, 뒷가슴이 있다. 앞가슴은 아주 작아서 마치 목처럼 보인다. 앞가슴에 앞다리 한 쌍이 있다. 가운뎃가슴과 뒷가슴은 한데 뭉쳐서 커다란 가슴처럼 보인다. 가운뎃가슴에서 앞날개와 가운뎃다리가, 뒷가슴에서 뒷날개와 뒷다리가 위아래로 붙는다.

　배는 마디가 이어져서 기다랗다. 마디는 모두 10마디로 되어 있고 꽁무니에 털처럼 생긴 기관이 있다. 배 속에는 내장이 있고 마디마다 숨구멍이 있어서 숨을 쉰다. 가슴과 배에는 잠자리마다 다른 무늬가 나 있고, 수컷과 암컷 무늬와 빛깔도 다르다.

　날개는 가로줄과 세로줄이 그물처럼 어지럽게 얽혀 있다. 날개 앞쪽 가운데쯤이 꺾어지며 날개마디가 있고, 끄트머리쯤에 작고 짙은 날개무늬가 있다. 몇몇 잠자리를 빼면 날개는 속이 훤히 비치고 빳빳하다.

　잠자리는 곤충 가운데 몸집이 제법 크다. 우리나라에 사는 잠자리 가운데 가장 큰 잠자리는 장수잠자리로 암컷이 100mm쯤 된다. 가장 작은 잠자리는 꼬마잠자리로 17mm쯤 된다.

실잠자리 생김새

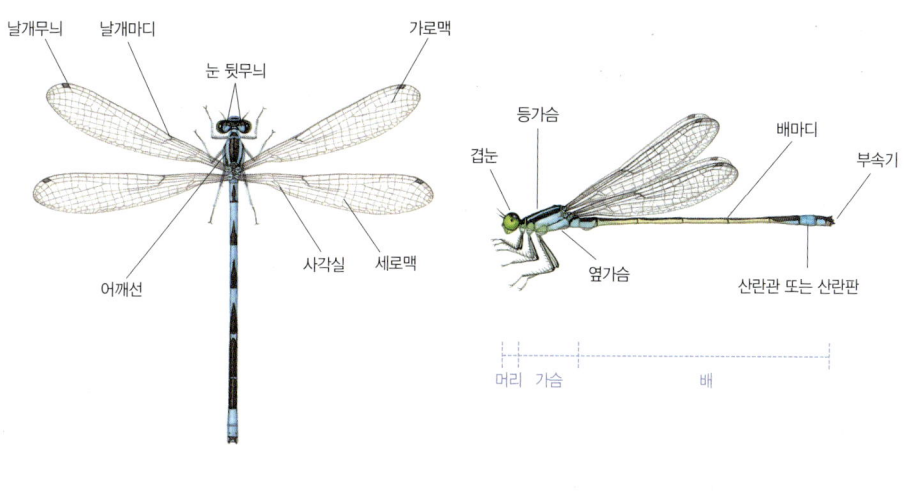

잠자리 생김새

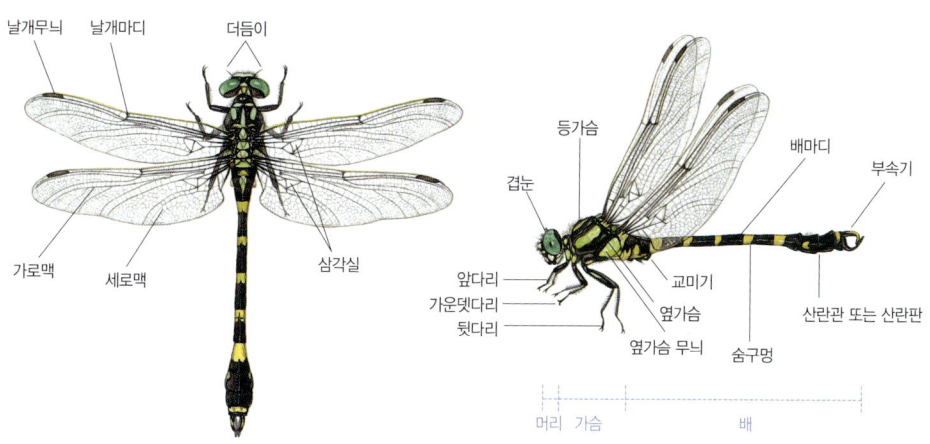

잠자리 머리

잠자리 머리는 날개와 함께 잠자리 특징이 가장 잘 드러난다. 머리에는 커다란 눈이 두 개 있다. 이 눈을 '겹눈'이라고 한다. 겹눈은 육각형으로 생긴 작은 낱눈으로 이루어진다. 왕잠자리처럼 커다란 잠자리는 낱눈이 28,000개쯤 모여서 겹눈을 이루고, 겹눈 크기가 작은 실잠자리 종류는 10,000개쯤 되는 낱눈으로 겹눈이 이루어진다.

이렇게 많은 낱눈 하나하나는 모두 시신경으로 이어져 앞과 옆쪽은 물론 뒤쪽까지 볼 수 있다. 하지만 움직이지 않는 동물은 여러 모습이 겹쳐 모자이크처럼 희미하게만 보인다. 그렇기 때문에 풀 줄기에 붙어 가만히 기다리는 사마귀한테는 꼼짝없이 당하곤 한다. 또 가끔 차나 페인트칠한 땅바닥을 물인 줄 알고 알을 낳기도 한다.

양쪽 겹눈 사이에는 작은 홑눈이 세 개 있고, 더듬이가 한 쌍 있다. 홑눈은 빛 밝기를 느끼고 멀고 가까운지, 밝고 어두운지를 알아채서 겹눈으로 보는 물체를 더 잘 알아보게 도와준다.

더듬이는 다른 곤충보다 짧다. 겹눈이 크고 잘 발달해서 더듬이가 할 일이 줄어들었기 때문이다. 입에는 집게처럼 생긴 아주 날카로운 턱이 있는데 평상시에는 입술에 가려져 있다.

물잠자리 겹눈이 까맣다.

노란실잠자리 겹눈이 풀빛이다.

좀청실잠자리 겹눈이 파랗다.
머리 뒤에 무늬가 있다.

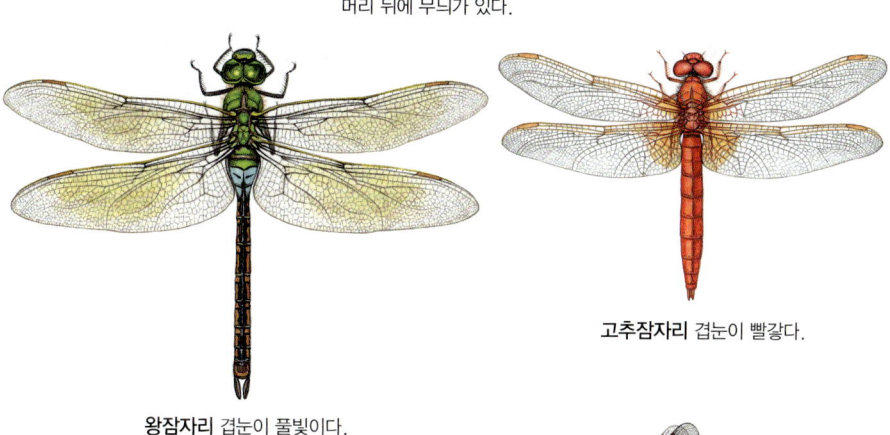

왕잠자리 겹눈이 풀빛이다.

고추잠자리 겹눈이 빨갛다.

꼬마잠자리 겹눈 위쪽은
빨갛고 아래쪽은 밤빛이다.

두점박이좀잠자리 겹눈 위쪽은
밤색이고 아래는 풀빛이다.

잠자리 가슴

　잠자리 가슴은 앞가슴, 가운뎃가슴, 뒷가슴으로 나누어진다. 가슴에는 날개 두 쌍과 다리 세 쌍이 붙어 있다. 가슴 속에는 날개를 움직이는 근육이 꽉 차 있다. 그래서 다른 몸통보다 큼지막하고 두툼하다.
　앞가슴은 머리와 날개가 붙어 있는 날개가슴 사이를 말하며 아주 짧다. 앞다리가 한 쌍 붙어 있다. 하지만 실잠자리 무리 앞가슴은 수컷이 암컷 앞가슴을 붙잡기 때문에 잠자리 무리보다 길다.
　가운뎃가슴과 뒷가슴은 서로 붙어 상자처럼 생겼고 '날개가슴' 이라고도 한다. 날개가슴은 앞날개 한 쌍과 뒷날개 한 쌍 그리고 다리 두 쌍이 붙어 있다. 다리에는 가시가 많아서 날면서도 먹이를 가두어 잡는다. 다리 세 쌍으로 풀잎에 앉거나 가지를 붙잡고 매달려 앉는데 걷지는 못 한다. 가슴 속은 거의 근육으로 이루어져 있어서 날갯짓을 힘차게 할 수 있다. 또 등가슴과 옆가슴에 있는 무늬는 종마다 달라서 종을 나누는 기준이 된다. 서로 닮은 잠자리끼리 등가슴에 난 무늬와 옆가슴에 난 무늬, 빛깔을 잘 살펴보면 서로 다르다.

옆가슴

물잠자리 옆가슴이 풀빛이다.

북방실잠자리 옆가슴이 파랗고 까만 줄무늬가 있다.

고추잠자리 옆가슴이 빨갛다.

노란잠자리 옆가슴이 노랗다.

장수잠자리 옆가슴에 노란 무늬가 있다.

산잠자리 옆가슴이 풀빛이고 노란 무늬가 있다.

등가슴

하나잠자리 등가슴이 빨갛다.

자실잠자리 등가슴이 까맣고 파란 줄무늬가 있다.

긴무늬왕잠자리 등가슴에 풀빛 무늬가 있다.

한라별왕잠자리 등가슴에 풀빛 점무늬가 있다.

쇠측범잠자리 등가슴에 점무늬가 있다.

언저리잠자리 등가슴에 노란 줄무늬가 있다.

마아키측범잠자리 등가슴에 'ㄱ' 꼴 무늬가 맞놓인다.

잠자리 배

잠자리 배도 다른 곤충처럼 10개 마디로 이루어져 있다. 배 속에는 심장과 소화기, 배설기, 생식기가 있다. 배마디마다 숨구멍이 있고 공기 통로와 이어져 숨을 쉰다.

잠자리 종마다 배 무늬가 다르고, 생김새도 다르다. 또 열 번째 마디 끝에 수컷은 교미부속기가, 암컷은 부속기가 달려 있다. 암컷과 수컷 부속기는 생김새가 같지만, 수컷은 짝짓기 할 때 부속기로 암컷을 꽉 움켜잡기 때문에 '교미부속기'라고 한다.

수컷 교미부속기는 위쪽 부속기와 아래쪽 부속기가 있다. 실잠자리 무리 수컷은 위쪽에 두 개, 아래쪽에 두 개인데 잠자리 무리 수컷은 아래쪽 부속기가 하나이다. 이러한 구조 때문에 짝짓기 할 때 실잠자리 수컷은 암컷 앞가슴을 잡고, 잠자리 무리 수컷은 암컷 두 겹눈 사이를 잡는다.

수컷은 두 번째와 세 번째 배마디에 짝짓기 할 때 쓰는 교미기가 있다. 수컷은 배 여덟 번째 마디에서 만든 정자를 배 꽁무니를 둥글게 구부려 두 번째 배마디에 있는 교미기로 옮긴다. 그래서 잠자리가 짝짓기 할 때 암컷이 뒤에서 배를 구부려 수컷 두세 번째 마디에 있는 교미기에 대고 짝짓기를 한다. 암컷은 8번째 마디 배판에 알을 낳는 산란관이나 판이 있다. 알 낳는 산란관은 실잠자리와 왕잠자리 무리에 있다. 가느다란 침처럼 생겨서 식물 줄기에 찔러 넣고 알을 낳는다. 알 낳는 판은 산란관이 퇴화된 것이다. 침처럼 뾰족하지 않고 평평하게 생겨서 식물 줄기에 알을 붙이거나 물낯 위에 알을 떨어뜨리는 노릇을 한다. 암컷은 알을 지니고 있기 때문에 수컷보다 배가 통통하다.

참실잠자리 배가 파랗고 까만 무늬가 있다.

노란허리잠자리 배 두마디가 하얗다.

노란실잠자리 배가 노랗고 꽁무니에 까만 무늬가 있다.

호리측범잠자리 배 꽁무니가 넓적하다.

부채장수잠자리 배 꽁무니 밑에 부채꼴 돌기가 있다.

두점배좀잠자리 배 꽁무니에 까만 점무늬가 두 개 있다.

꼬마측범잠자리 배 등쪽에 파란 무늬가 물 흐르듯 나 있다.

노란배측범잠자리 배 옆에 노란 점무늬가 있다.

잘록허리왕잠자리 배 첫째 마디가 잘록하다.

애별박이왕잠자리 배 옆에 파란 점무늬가 있다.

노란측범잠자리 꽁무니에 돋은 부속기가 큼지막하다.

잠자리 날개

　잠자리 날개는 얇고 속이 훤히 비친다. 나뭇잎 잎맥처럼 날개 속에는 가로맥과 세로맥이 그물처럼 얽혀 있다. 날개맥은 언뜻 보면 괴발개발 제멋대로 뻗은 것 같지만 꼼꼼히 살펴보면 잠자리 무리마다 서로 달라 '과'를 나누는 기준이 된다. 또 날개 뿌리 쪽에 세모나거나 네모난 날개맥이 있다. 실잠자리 무리는 네모나서 사각실이라고 하고, 잠자리 무리는 세모나서 삼각실이라고 한다. '과'마다 사각실과 삼각실 생김새가 다르다.
　잠자리는 날개 앞쪽 가운데가 두껍고 마디가 진다. 이 날개마디는 나비나 벌, 딱정벌레 날개에는 없다. 이 날개마디 덕분에 날개가 길어도 꺾이지 않고 잘 날 수 있다. 또 날개 앞 가장자리 끄트머리에는 짙은 날개무늬가 있다. 날개는 대부분 속이 훤히 비치지만 잠자리에 따라 무늬나 색깔이 있기도 하다. 잠자리마다 날개가 노랗거나 검거나 파랗기도 하고, 날개 뿌리 쪽만 노랗거나 거무스름하고, 날개 앞 가장자리가 노르스름하거나, 날개 끝이나 중간중간에 짙은 무늬가 있다.
　실잠자리 무리는 앞날개와 뒷날개 크기가 엇비슷하다. 잠자리 무리는 뒷날개가 앞날개보다 더 크다. 잠자리 무리는 빠르게 날아야 하기 때문에 뒷날개가 넓어졌다. 실잠자리 무리는 좁은 풀숲에서 날아야 하기 때문에 날개가 작고 가늘며 앞뒤 날개 크기가 똑같다. 실잠자리는 날개가 튼튼하지 않기 때문에 몸이 실처럼 가볍고 가늘게 바뀌었다. 날 때는 앞날개가 내려오면 뒷날개는 위로 올라가면서 난다. 실잠자리는 뒤쪽으로도 날 수 있는데, 뒤로 날 때는 날개로 몸을 감싸듯이 뒤로 뒤집어 날갯짓한다.

한살이

잠자리는 어릴 때는 물속에서 살다가 다 크면 물 밖으로 나와 산다. 짝짓기를 하면 암컷이 다시 물속에 알을 낳는다. 잠자리는 알 - 애벌레 - 어른벌레를 거친다. 나비나 딱정벌레와 달리 번데기를 거치지 않고 애벌레에서 바로 어른벌레가 되는 '안갖춘탈바꿈'을 한다.

물속에 낳은 알은 짧으면 일주일에서 길면 몇 달을 지낸다. 애벌레가 깨어 나오면 물속에서 먹이를 잡아먹으며 허물을 여러 번 벗는다. 물속에서 애벌레로 지내는 기간은 종마다 다르다. 된장잠자리는 35일쯤 지나면 어른벌레가 되고, 장수잠자리는 4~5년이 지나야 어른벌레가 된다.

이렇게 알에서 애벌레가 깨어 나와 어른벌레가 되고, 짝짓기를 하고 알을 낳은 뒤 일생을 마치는 한살이 기간은 잠자리마다 다르다. 된장잠자리는 한 해에 여러 번 한살이를 하는 1년 수세대이다. 온도가 높고 따뜻한 지역에서는 아시아실잠자리와 등검은실잠자리 같은 몇몇 실잠자리가 한 해에 두 번 날개돋이를 한다. 왕잠자리 무리에 드는 별박이왕잠자리는 물이 차고 먹이가 많이 없는 산속 연못과 늪에서 산다. 그래서 첫 해에는 알로 겨울을 나고, 두 해째에는 중간쯤 자란 애벌레로 또 겨울을 나고, 그 이듬해에 날개돋이를 하는 2년 1세대 한살이를 거친다. 측범잠자리 무리도 물이 차가운 내에서 살기 때문에 애벌레로 두 해를 산다. 장수잠자리는 애벌레로 3~4년을 살아야 어른벌레가 되는 수년 1세대다. 이런 몇몇 잠자리들을 뺀 잠자리 대부분은 한 해에 한 번 알, 애벌레를 거쳐 어른벌레가 되는 1년 1세대이다.

잠자리 한살이

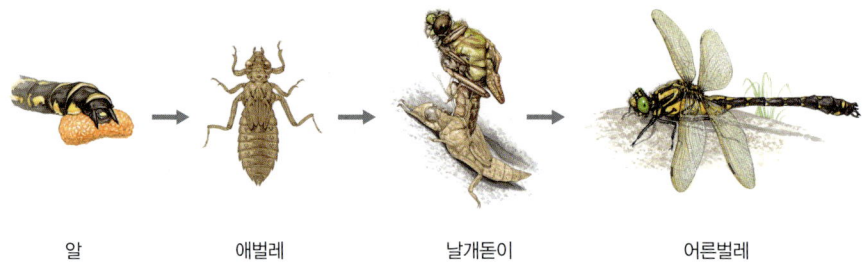

알 　　　 애벌레 　　　 날개돋이 　　　 어른벌레

짝짓기

잠자리는 물 밖으로 나와 어른벌레가 되면 짝짓기를 한다. 짝짓기는 몇 초만에 끝나기도 하고 몇 십 분이 걸리기도 한다. 수컷은 물가 둘레에서 텃세를 부리며 암컷을 기다린다. 다른 수컷이 자기 사는 곳으로 들어오면 사납게 달려들어 쫓아낸다. 왕잠자리 무리는 넓은 연못을 돌면서 텃세를 부리고, 고추잠자리 무리는 작은 연못 물가에 난 풀 줄기에 앉아 텃세를 부린다.

잠자리가 짝짓기 하는 모습은 다른 벌레와 사뭇 다르다. 암컷과 수컷이 서로 기다란 배를 구부려 이어서 짝짓기를 한다. 앞쪽에 수컷이 있고, 뒤쪽에 암컷이 있다. 수컷은 2~3번째 배마디에 교미기가 있어서 짝짓기 하기 전에 배를 구부려 배 끝 8번째 마디에 있던 정자를 앞쪽 교미기로 옮긴다. 수컷이 암컷을 잡으면 암컷은 배를 구부려 수컷 2~3번째 마디에 있는 교미기에 대고 짝짓기를 한다. 그래서 짝짓기 하는 모습이 둥그런 심장꼴이다.

수컷 꽁무니에는 부속기가 마치 갈고리처럼 위아래로 나 있어서 암컷을 잡을 수 있다. 실잠자리 수컷 꽁무니에는 갈고리가 위아래 두 쌍 있고, 잠자리 무리 수컷은 위에 두 개, 아래에 한 개가 있다. 암컷을 만나면 실잠자리 수컷은 암컷 앞가슴을 부여잡고, 잠자리 무리는 암컷 겹눈 사이를 잡는다.

실잠자리 짝짓기

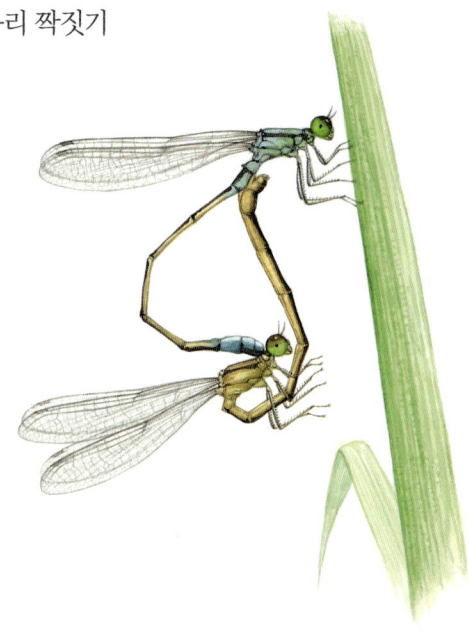

앞에 있는 수컷이 암컷
앞가슴을 부여잡는다.

잠자리 짝짓기

앞에 있는 수컷이 암컷
뒷머리를 부여잡는다.

알

　잠자리 알은 달걀처럼 둥그스름한 알과 홀쭉한 원통꼴 알이 있다. 알 생김새가 다른 까닭은 알 낳는 방법이 다르기 때문이다.
　홀쭉한 원통꼴 알은 풀 줄기에 낳는 알이다. 왕잠자리나 실잠자리는 뾰족한 산란관을 풀 줄기 속에 꽂고 알을 낳는다. 그래서 알 생김새도 홀쭉하다. 공중에서 알을 뿌리거나 물낯을 톡톡 치면서 알을 낳는 잠자리는 달걀처럼 둥그스름한 알을 낳는다.
　모든 잠자리 알에는 앞과 뒤가 있다. 앞쪽은 뾰족하거나 작은 돌기가 돋아 있다. 풀 줄기에 낳는 알은 앞이 뾰족하고, 물에 낳는 알은 앞쪽에 작은 돌기가 있다. 풀 줄기에 낳은 알은 뾰족한 앞이 바깥을 향한다. 이 앞쪽으로 애벌레가 깨어 나온다. 알 크기는 실잠자리 무리는 1mm 안팎이고 왕잠자리 무리는 2mm 안팎이다. 어른벌레가 크다고 꼭 알도 큰 것은 아니다.
　알은 된장잠자리처럼 일주일 만에 깨어 애벌레가 나오기도 하고, 청실잠자리 무리처럼 230일쯤 지난 뒤 깨어 애벌레가 나오기도 한다. 알은 물이 마르거나 온도가 낮아도 잘 견딘다. 별박이왕잠자리 무리는 알로 겨울을 난다. 이듬해 비가 와서 늪에 물이 차고 날이 따뜻해지면 그때야 애벌레가 깨어 나온다. 알로 겨울을 나지 않으면 한두 주에서 길어도 40일쯤 지나면 애벌레가 깨어 나온다. 알로 겨울을 나는 잠자리는 120~240일쯤을 알로 지낸다.

알로 지내는 시간

알로 겨울을 안 나는 잠자리 알

된장잠자리	5-7일
아시아실잠자리	6-8일
밀잠자리	7-9일
대모잠자리	12-14일
왕잠자리	12-14일
장수잠자리	34-36일

알로 겨울을 나는 잠자리 알

고추좀잠자리	127일쯤
개미허리왕잠자리	226일쯤
청실잠자리 무리	230일쯤

알 낳기

짝짓기를 마치면 암컷은 물가로 날아가 알을 낳는다. 암컷 혼자 날아가 낳기도 하고 수컷과 이어진 채 함께 날아가 낳기도 한다. 또 밀잠자리나 된장잠자리, 고추좀잠자리는 암컷 혼자 알을 낳을 때 수컷이 가까운 둘레에서 암컷을 지킨다.

왕잠자리처럼 몸집이 크고 알이 큰 잠자리는 알을 300개쯤 낳고, 밀잠자리처럼 알이 작은 잠자리는 알을 1,000개쯤 낳는다.

알을 낳는 방법은 잠자리마다 조금씩 다르다. 실잠자리 무리와 왕잠자리는 풀 줄기 안에 알을 낳는다. 꽁무니에 뾰족한 산란관을 줄기에 찔러 넣어 알을 낳는다.

거의 모든 잠자리 암컷은 물 위를 낮게 날면서 배 꽁무니로 물낯을 톡톡 치면서 알을 낳는다. 쇠측범잠자리와 깃동잠자리 무리, 여름좀잠자리는 물 위에서 알을 뿌려 떨어뜨려 낳는다. 몇몇 측범잠자리는 물가에 있는 나뭇잎이나 바위에 앉아 알을 떨어뜨려 낳거나 물가 바위에 앉아 꽁무니를 물속에 넣고 알을 낳는다.

황줄왕잠자리와 도깨비왕잠자리, 잘록허리왕잠자리는 진흙이나 이끼에 내려앉아 꽁무니를 집어넣고 알을 낳는다. 두점박이좀잠자리와 날개띠좀잠자리, 애기좀잠자리는 날면서 논두렁이나 연못 가장자리에 있는 진흙이나 모래에 알을 붙여 낳는다. 장수잠자리와 독수리잠자리는 제자리에서 날면서 물속 진흙이나 모래 속에 알을 낳는다.

물에 낳기

| 큰밀잠자리 | 고추잠자리 | 쇠측범잠자리 |

꽁무니로 물낯을 톡톡 치면서 알을 낳는다. 대부분 잠자리가 이렇게 알을 낳는다.

물 위에서 알을 뿌려 떨어뜨려 낳는다.

풀 줄기나 나무에 낳기

가는실잠자리　　실잠자리　　　왕잠자리　　　큰청실잠자리

물 밖 풀 줄기 안에 알을 낳는다.

연못 둘레 나무껍질 속에 알을 낳는다.

물잠자리　　먹줄왕잠자리

물속 물풀 줄기에 알을 낳는다.

진흙이나 모래, 이끼에 낳기

황줄왕잠자리　잘록허리왕잠자리　장수잠자리　애기좀잠자리

진흙이나 이끼에 알을 낳는다.

물속 진흙이나 모래 속에 알을 낳는다.

진흙이나 모래에 알을 붙여 낳는다.

애벌레

　애벌레는 알에서 빠져나올 때 머리 쪽에 있는 날카롭고 뾰족한 돌기로 알 껍질을 깨고 나온다. 몇몇 실잠자리는 알 속으로 물을 빨아들여 껍질을 깬다.
　알에서 갓 깬 애벌레는 새우처럼 생겼다. 물속에서 바로 허물을 벗고 애벌레 모습으로 바꾼다. 애벌레는 물속에서 10~15번쯤 허물을 벗으면서 몸집이 커진다. 물풀 줄기에 매달려 살거나 물 밑바닥에서 살거나 모래나 진흙 속을 파고들어 산다. 꼼짝 않고 있다가 먹이가 가까이 오면 큰턱 아래에 접혀 있는 아랫입술을 눈 깜짝 할 새에 뻗어 잡는다. 몇몇 애벌레는 밤에 슬금슬금 먹이에게 다가가 잡기도 한다. 어릴 때는 작은 물벼룩을 잡아먹고, 몸집이 커지면 작은 물고기나 하루살이 애벌레, 강도래 애벌레, 각다귀 애벌레, 장구벌레 같은 물벌레를 잡아먹는다.
　애벌레는 물속에서 아가미로 숨을 쉰다. 하지만 아가미 생김새는 물고기와 사뭇 다르다. 실잠자리 무리 애벌레는 몸 생김새가 가늘고 길다. 꽁무니 끝에 길쭉한 부채처럼 생긴 아가미가 세 개 있다. '기관아가미'라고 한다. 잠자리 무리 애벌레는 몸 생김새가 굵고 크다. 배 끝에 침처럼 뾰족한 돌기가 세 개 있다. 몸과 다리에는 털이 많다. 꽁무니로 물을 들이켜서 배 속에 있는 아가미로 숨을 쉰다. 이 아가미를 '직장아가미'라고 한다. 또 어른벌레처럼 배가 열 마디로 되어 있다.
　잠자리는 종마다 애벌레 생김새와 사는 곳이 다르다. 실잠자리 애벌레는 잠자리 무리 애벌레보다 몸집이 가늘고 길쭉하다. 장수잠자리, 쇠측범잠자리와 물잠자리 애벌레는 산골짜기 맑은 물에서만 산다. 몇몇 애벌레들은 연못이나 웅덩이, 늪처럼 고여 있는 물에 살고, 몇몇 애벌레는 냇물이나 강처럼 흐르는 물에서 산다. 된장잠자리는 애벌레로 한 달쯤 살고, 장수잠자리는 4~5년을 산다.

생김새

실잠자리 애벌레

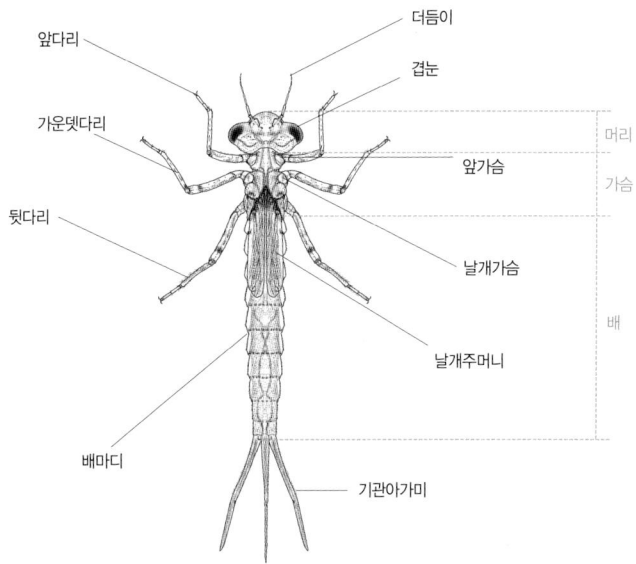

잠자리 애벌레

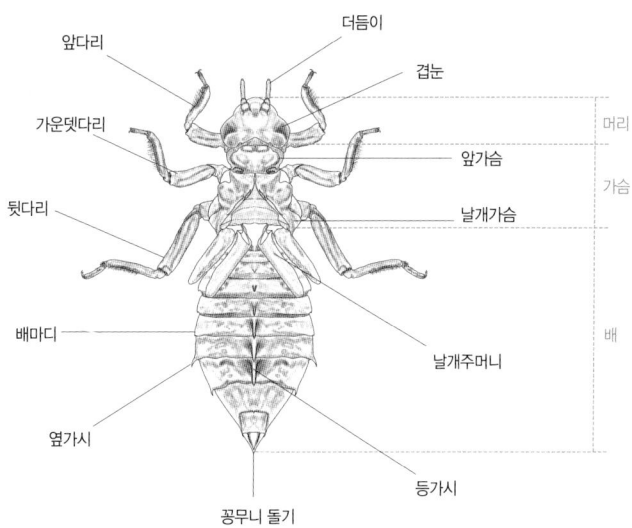

날개돋이

물속에서 허물을 벗고 자란 애벌레는 물 밖에 나와 마지막 허물을 벗고 어른벌레가 된다. 이것을 '날개돋이'라고 한다. 마지막 애벌레는 며칠 동안 아무 것도 안 먹고 날개주머니가 부풀어 오른다. 또 겹눈이 맑아지고 물속에서 숨쉬기를 멈추고 물 밖으로 나와 공기로 숨 쉴 준비를 한다.

모든 준비가 끝나면 물 밖 풀 줄기나 나뭇가지에 올라와 매달리거나 바위나 풀잎 위에 올라앉는다. 매달려 날개돋이를 하는 잠자리는 왕잠자리 무리, 장수잠자리 무리, 청동잠자리 무리, 잠자리 무리가 있다. 바위나 풀잎을 딛고 날개돋이 하는 잠자리는 실잠자리 무리와 측범잠자리 무리다.

날개돋이 할 때 걸리는 시간은 두 시간 안팎이다. 바위나 풀잎을 딛고 날개돋이 하는

참별박이왕잠자리 날개돋이

1. 참별박이왕잠자리 애벌레가 날개돋이 하려고 나뭇가지에 기어올라 매달린다.

2. 등가슴이 Y자로 갈라지며 가슴과 머리, 날개가 나온다.

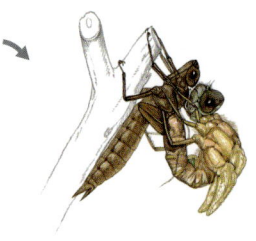

3. 잠시 쉬었다가 다리가 굳으면 지지대를 잡고 배를 뺀다. 2~3초 밖에 안 걸린다.

잠자리는 40분에서 1시간 30분쯤 걸리고, 매달려 날개돋이 하는 잠자리는 1~2시간쯤 더 오래 걸린다. 애벌레가 날개돋이 할 자리를 잡으면 등이 Y자 꼴로 갈라지면서 가슴과 머리, 날개, 다리 차례로 나온다. 몇 분이 지나 다리가 굳어 단단해지면 기다란 배를 빼낸다. 몸이 다 빠져 나오면 날개와 배가 쭉 늘어난다. 날개돋이 할 때는 꼼짝을 못하니까 천적이 없는 밤에 많이 한다. 측범잠자리처럼 날개돋이를 빨리 하는 잠자리는 날이 밝아 따뜻해질 때 날개돋이를 한다. 날개돋이를 하면 껍데기에 하얀 실이 여러 가닥 있다. 이 하얀 실은 몸속 기관이 날개돋이 하면서 함께 허물을 벗으면서 생긴다. 이 실이 빠져나오면서 공기가 드나드는 길이 생겨 숨을 쉴 수 있다. 이 길을 '기관'이라고 한다.

4. 갓 빠져나온 잠자리는 뭉쳐 있는 날개에 피를 보내 날개를 펴기 시작한다.

5. 날개가 늘어날 때 짧게 나온 배도 서서히 늘어나다가 날개가 다 늘어나면 빠르게 늘어난다.

6. 날개와 배가 다 늘어나면 날개를 펴고 날아갈 준비를 한다.

잠자리 생태

사는 곳

잠자리는 남극과 북극 몇몇 곳을 빼고는 온 세계 곳곳에서 산다. 잠자리는 알을 낳기 위해서 물이 있어야 한다. 그래서 늘 물 가까이에서 산다. 잠자리마다 흐르는 물에 사는 잠자리가 있고, 고인 물에 사는 잠자리가 있다.

흐르는 물에서도 차고 맑은 물이 흐르는 산골짜기에는 물잠자리와 장수잠자리, 측범잠자리 같은 잠자리가 산다. 제주도처럼 흐르는 물이 많이 없는 곳에는 측범잠자리 무리가 아주 드물다. 물이 느릿느릿 흐르고 모래톱이 쌓이는 강 중류에는 잔산잠자리와 어리장수잠자리, 검은물잠자리, 측범잠자리 같은 잠자리가 산다.

고여 있는 물에는 늪, 연못, 저수지, 웅덩이, 논 따위가 있다. 물풀이 많은 웅덩이나 저수지, 늪에는 노란실잠자리, 푸른아시아실잠자리 같은 실잠자리와 왕잠자리, 밀잠자리, 언저리잠자리, 나비잠자리, 넉점박이잠자리, 대모잠자리, 밀잠자리붙이 같은 잠자리가 산다. 숲 속이나 높은 산에 있는 못에는 큰청실잠자리, 참별박이왕잠자리, 별박이왕잠자리 같은 잠자리가 산다. 논에는 중간밀잠자리, 고추잠자리, 아시아실잠자리 같은 잠자리가 많이 산다.

산골짜기

물잠자리 장수잠자리 쇠측범잠자리

강 중류

잔산잠자리 어리장수잠자리 검은물잠자리

웅덩이

왕잠자리   밀잠자리   언저리잠자리

산속 못

큰청실잠자리   참별박이왕잠자리   별박이왕잠자리

널찍한 못과 늪

노란실잠자리   푸른아시아실잠자리   넉점박이잠자리

대모잠자리   밀잠자리붙이   방울실잠자리

논

중간밀잠자리   고추잠자리   아시아실잠자리

먹이와 천적

잠자리는 어떤 곤충보다도 잘 난다. 빠르게 날기도 하고 제자리 멈춰 날거나 뒤로 날 수도 있다. 빨리 나는 잠자리는 시속 100km까지 날 수 있고 실잠자리들은 시속 60km까지 날 수 있다. 잠자리는 이렇게 빨리 날면서 날아다니는 날벌레를 많이 잡아먹는다. 하루에 자기 몸무게에 50%가 넘는 먹이를 먹는다. 그 가운데 모기를 많이 잡아먹는다. 왕잠자리나 밀잠자리들은 자기보다 몸집이 작은 꼬마잠자리도 잡아먹는다. 실잠자리 무리는 자기 사는 곳 둘레에 사는 작은 나방이나 하루살이, 모기 따위를 잡아먹는다. 잠자리는 사람에게 해를 주는 벌레를 많이 잡아먹는다. 그래서 사람에게 도움을 주는 곤충이다.

잠자리 무리는 먹이를 쫓아 날아가서 잡는데, 다리에는 작은 가시가 많이 나 있어서 먹이를 그물처럼 가두어 잡는다. 긴무늬왕잠자리 같은 잠자리는 오전에 떼로 날아다니며 먹이를 잡는다. 잘록허리왕잠자리와 도깨비왕잠자리 같은 잠자리는 해거름에 나와 날아다니며 먹이를 잡는다. 실잠자리 무리는 작은 날벌레가 풀잎이나 풀 줄기에 앉을 때 잽싸게 날아가서 턱으로 물어 잡는다. 사방이 빽빽한 풀숲이기 때문에 먹이를 잡고 나면 뒤로 날아 제자리로 돌아온다.

잠자리를 노리는 천적도 많다. 잠자리가 빠르게 날지만 새한테는 꼼짝 못한다. 많은 새들이 잠자리를 잡아먹는다. 또 사마귀는 잠자리가 풀숲에 앉을 때를 기다렸다가 잠자리를 잡는다. 풀숲에 쳐 놓은 거미줄에도 잘 걸린다. 파리매도 작은 잠자리를 곧잘 잡아먹는다.

먹이

모기   하루살이   나방

천적

사마귀    말벌

파리매

어치

황조롱이

자리 옮기기

잠자리는 날개돋이를 한 뒤 그 둘레에서 살면서 짝짓기를 할 수 있는 어른이 된다. 하지만 몇몇 종은 사는 곳을 옮겨 살다가 짝짓기를 하고 알을 낳으려고 태어난 곳으로 돌아온다. 산으로 가는 잠자리와 물길을 따라 올라오는 잠자리가 있다.

산으로 가는 잠자리는 고추좀잠자리, 깃동잠자리, 산깃동잠자리, 대륙좀잠자리, 마아키측범잠자리가 있다. 이 잠자리들은 산으로 옮겨 가서 그곳에 사는 많은 날벌레를 잡아먹으며 큰다. 한여름에는 뜨거운 땅 기운을 피해 떼 지어 하늘 높이 날아오르기도 한다. 또 나뭇가지나 풀잎 위에 앉아 날개를 활짝 펴고 배를 곧게 하늘로 세워 몸을 식히기도 한다.

물길을 거슬러 올라가는 잠자리는 측범잠자리와 호리측범잠자리 같은 측범잠자리 무리다. 이 잠자리는 강 상류에 알을 낳는다. 하지만 알이 물살에 떠밀려 강 중, 하류까지 내려온다. 여기에서 날개돋이 한 잠자리는 물길을 따라 다시 강 상류로 날아 올라간다.

다른 나라에서 날아오는 잠자리도 있다. 잠자리는 따뜻한 남쪽을 좋아하는 잠자리가 있고, 추운 북쪽에서 사는 잠자리가 있다. 된장잠자리나 날개잠자리는 남쪽 바다를 건너 우리나라에 온다. 대륙고추좀잠자리는 추운 북쪽 지방에서 우리나라로 날아오기도 한다.

산으로 가는 잠자리

고추좀잠자리 깃동잠자리 마아키측범잠자리

물길을 거슬러 올라가는 잠자리

측범잠자리 호리측범잠자리

남쪽 바다를 건너오는 잠자리

된장잠자리 날개잠자리 남색이마잠자리

북쪽에서 날아오는 잠자리

대륙고추좀잠자리

몸빛 바꾸기

잠자리 가운데 몇몇 종은 다 커서 짝짓기 할 때가 되면 몸빛이 바뀐다. 실잠자리들은 암컷 몸빛이 바뀐다. 아시아실잠자리 암컷은 갓 날개돋이 했을 때는 빨갛지만 다 크면 풀빛으로 바뀐다. 황등색실잠자리 암컷은 몸빛이 노랗다가 다 크면 풀빛으로 바뀐다. 푸른아시아실잠자리와 노란실잠자리 같은 실잠자리 암컷도 몸빛이 바뀐다.

잠자리 무리는 수컷 몸빛이 바뀐다. 밀잠자리 수컷은 갓 날개돋이 했을 때는 암컷 몸빛과 똑같은 밤색이다. 다 크면 푸르스름한 잿빛으로 바뀐다. 고추잠자리 수컷은 온몸이 빨갛게 바뀐다. 좀잠자리 무리 수컷은 배만 빨갛게 바뀌기도 하고 온몸이 빨갛게 바뀌기도 한다.

이렇게 암컷과 수컷 몸빛이 다른 잠자리들이 많다. 잘못하면 서로 다른 잠자리로 여길 수 있기 때문에 잘 눈여겨보아야 한다.

크면서 몸빛이 바뀌는 잠자리

황등색실잠자리 암컷
몸빛이 노랗나가 다 크면
풀빛으로 바뀐다.

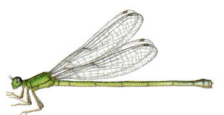

아시아실잠자리 암컷
어릴 때는 몸빛이 빨갛다가
크면 풀빛으로 바뀐다.

밀잠자리 수컷
어릴 때는 누렇다가 다 크면
푸르스름한 잿빛으로 바뀐다.

고추잠자리 수컷
다 크면 온몸이 빨갛게 바뀐다.

두점박이좀잠자리 수컷
가을이 되면 배가 빨갛게 바뀐다.

암컷과 수컷 몸빛이 다른 잠자리

잠자리 분류와 과별 특징

　잠자리는 동물계 - 절지동물문 - 곤충강 - 유시아강 - 고시류 - 잠자리목(Odonata)에 드는 곤충이다. 유시아강은 날개가 있는 무리라는 뜻이다. 고시류는 날개를 꺾어 배 위로 접을 수 없는 무리라는 뜻이다.
　잠자리는 날개 생김새에 따라 실잠자리아목, 옛잠자리아목, 잠자리아목으로 나눈다. 온 세상에 잠자리는 3아목 40과 6,167종이 있다. 그 가운데 실잠자리아목이 28과 3,107종, 잠자리아목은 11과 3,056종, 옛잠자리아목이 1과 4종이 산다. 아직까지 해마다 새로운 잠자리를 찾아내고 있다.
　우리나라에는 모두 11과 123종이 있고, 남녘에는 11과 102종이 있다. 그 가운데 푸른측범잠자리는 예전에 잡았다는 기록만 있고 지금까지 보이지 않는다. 또 서남아시아에서 살던 두점배좀잠자리가 새롭게 날아오기도 한다.
　옛잠자리아목은 온 세상에 4종만 산다. 2014년에 북녘에서 새롭게 1종을 찾았다. 몸은 잠자리처럼 크고 굵은데 날개는 실잠자리처럼 가늘고 좁다. 살아 있는 화석이라고 할 만큼 오랫동안 살아온 잠자리다. 히말라야와 일본, 백두산 둘레에서만 산다.
　실잠자리아목은 우리나라에는 4과 35종쯤 산다. 물잠자리과, 실잠자리과, 청실잠자리과, 방울실잠자리과가 있다.
　잠자리아목은 우리나라에 7과 88종쯤 산다. 왕잠자리과, 측범잠자리과, 장수잠자리과, 청동잠자리과, 잔산잠자리과, 잠자리과, 독수리잠자리과가 있다. 독수리잠자리과에는 한 종이 있지만 1993년에 한번 잡힌 뒤로 더 이상 보이지 않는다.

실잠자리 무리

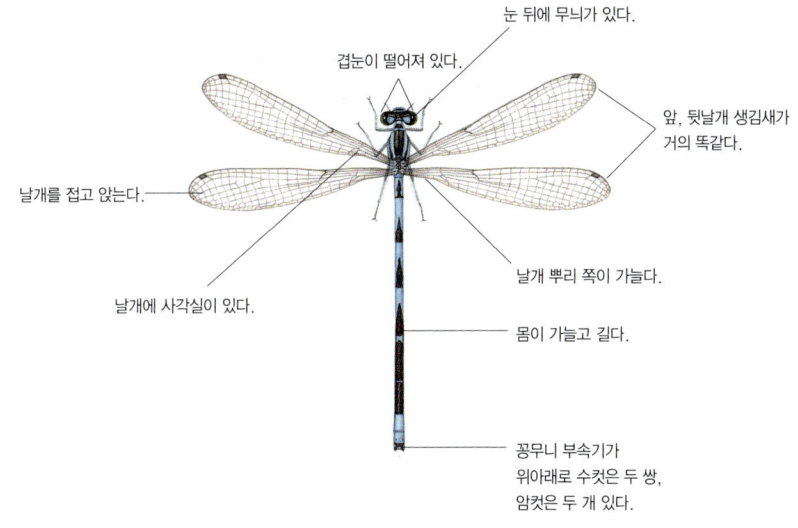

잠자리 무리

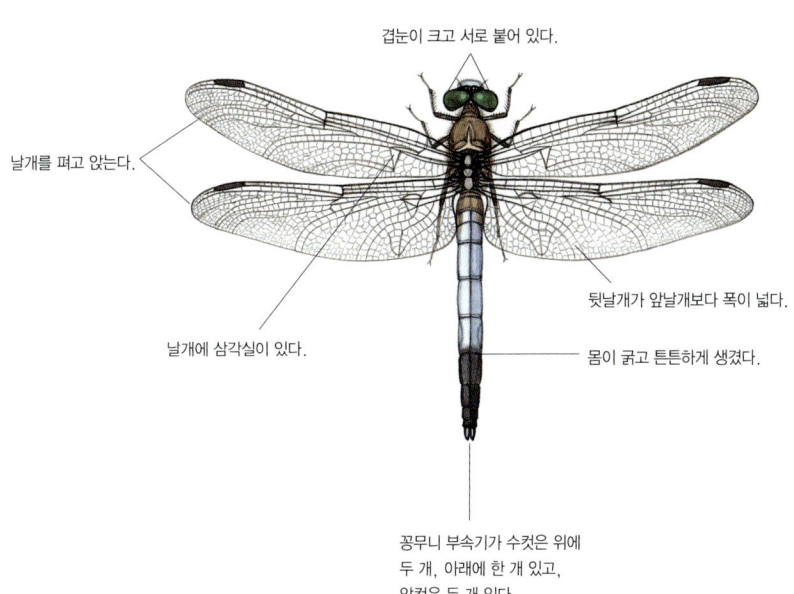

실잠자리 과별 특징

1. 물잠자리과

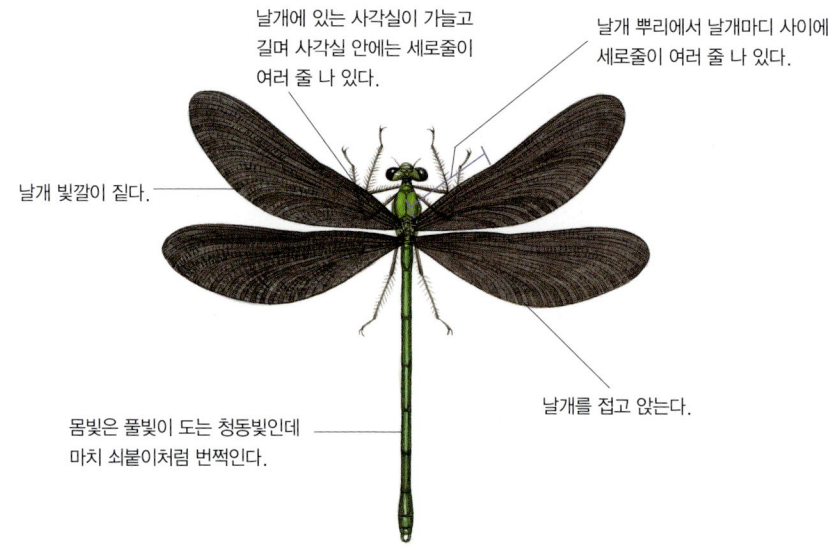

날개에 있는 사각실이 가늘고 길며 사각실 안에는 세로줄이 여러 줄 나 있다.

날개 뿌리에서 날개마디 사이에 세로줄이 여러 줄 나 있다.

날개 빛깔이 짙다.

날개를 접고 앉는다.

몸빛은 풀빛이 도는 청동빛인데 마치 쇠붙이처럼 번쩍인다.

2. 실잠자리과

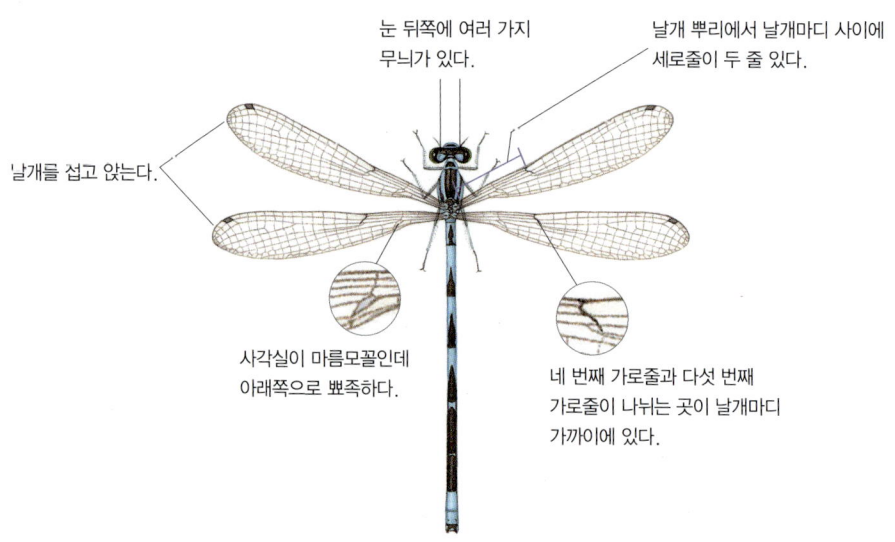

눈 뒤쪽에 여러 가지 무늬가 있다.

날개 뿌리에서 날개마디 사이에 세로줄이 두 줄 있다.

날개를 접고 앉는다.

사각실이 마름모꼴인데 아래쪽으로 뾰족하다.

네 번째 가로줄과 다섯 번째 가로줄이 나뉘는 곳이 날개마디 가까이에 있다.

3. 방울실잠자리과

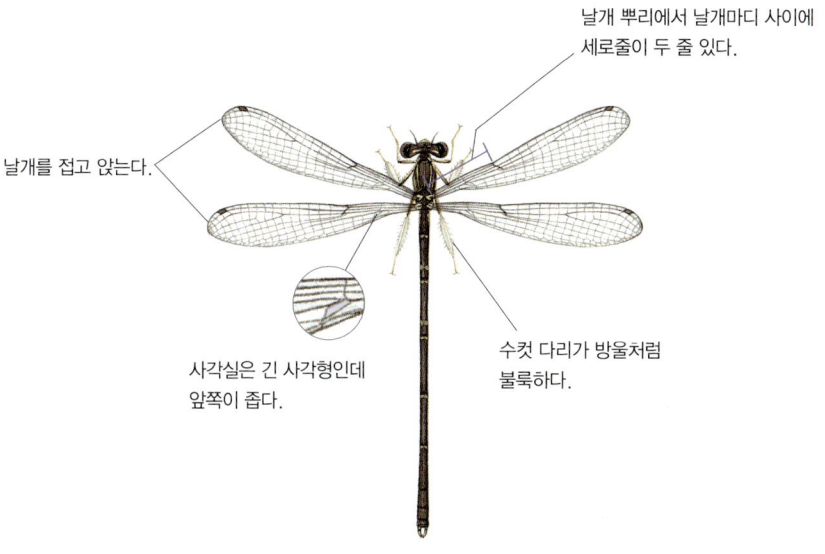

날개 뿌리에서 날개마디 사이에 세로줄이 두 줄 있다.

날개를 접고 앉는다.

사각실은 긴 사각형인데 앞쪽이 좁다.

수컷 다리가 방울처럼 불룩하다.

4. 청실잠자리과

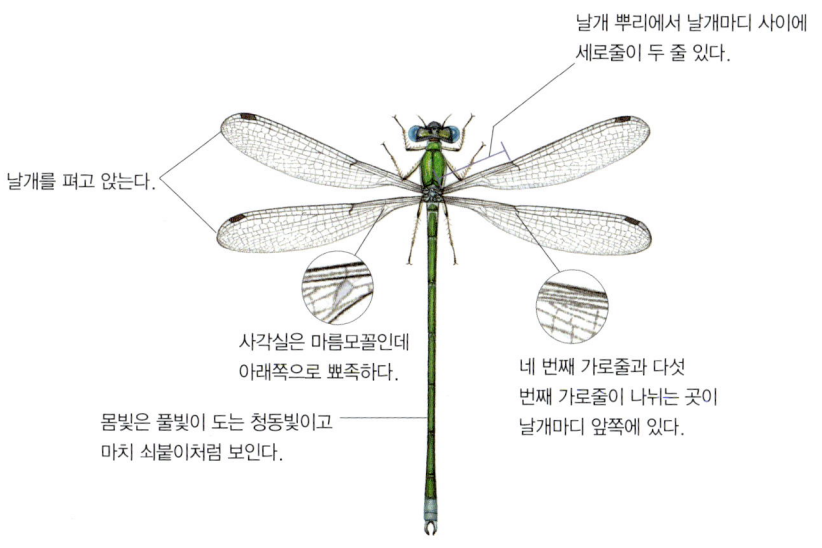

날개 뿌리에서 날개마디 사이에 세로줄이 두 줄 있다.

날개를 펴고 앉는다.

사각실은 마름모꼴인데 아래쪽으로 뾰족하다.

몸빛은 풀빛이 도는 청동빛이고 마치 쇠붙이처럼 보인다.

네 번째 가로줄과 다섯 번째 가로줄이 나뉘는 곳이 날개마디 앞쪽에 있다.

잠자리 과별 특징

1. 왕잠자리과

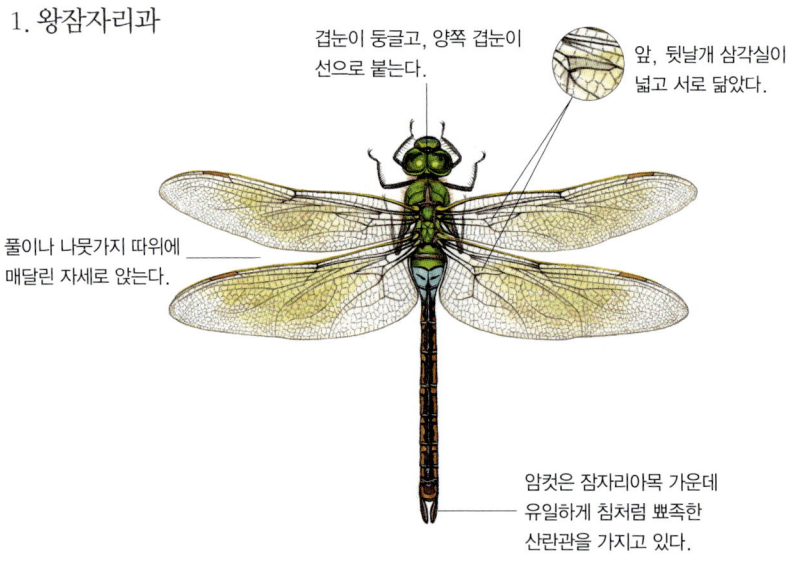

겹눈이 둥글고, 양쪽 겹눈이 선으로 붙는다.

앞, 뒷날개 삼각실이 넓고 서로 닮았다.

풀이나 나뭇가지 따위에 매달린 자세로 앉는다.

암컷은 잠자리아목 가운데 유일하게 침처럼 뾰족한 산란관을 가지고 있다.

2. 측범잠자리과

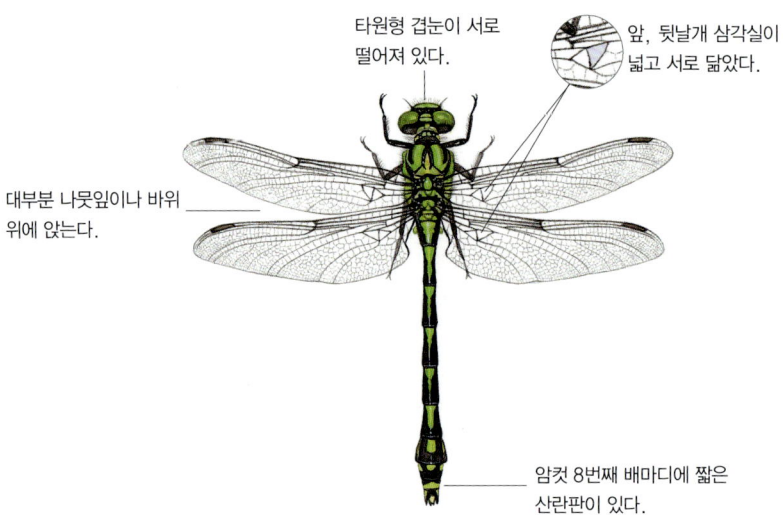

타원형 겹눈이 서로 떨어져 있다.

앞, 뒷날개 삼각실이 넓고 서로 닮았다.

대부분 나뭇잎이나 바위 위에 앉는다.

암컷 8번째 배마디에 짧은 산란판이 있다.

3. 장수잠자리과

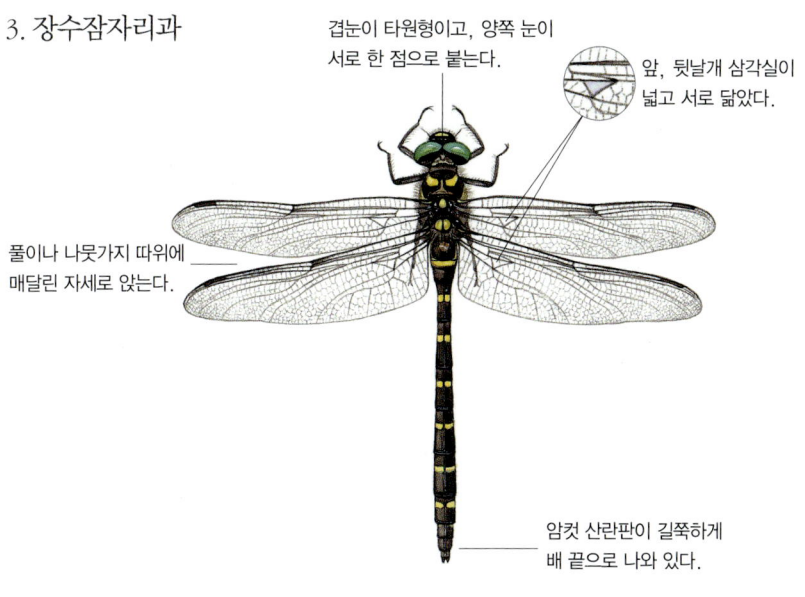

4. 청동잠자리과, 잔산잠자리과, 잠자리과

잠자리 톺아보기

실잠자리아목

물잠자리과
실잠자리과
방울실잠자리과
청실잠자리과

잠자리아목

왕잠자리과
측범잠자리과
장수잠자리과
청동잠자리과
잔산잠자리과
잠자리과

실잠자리아목

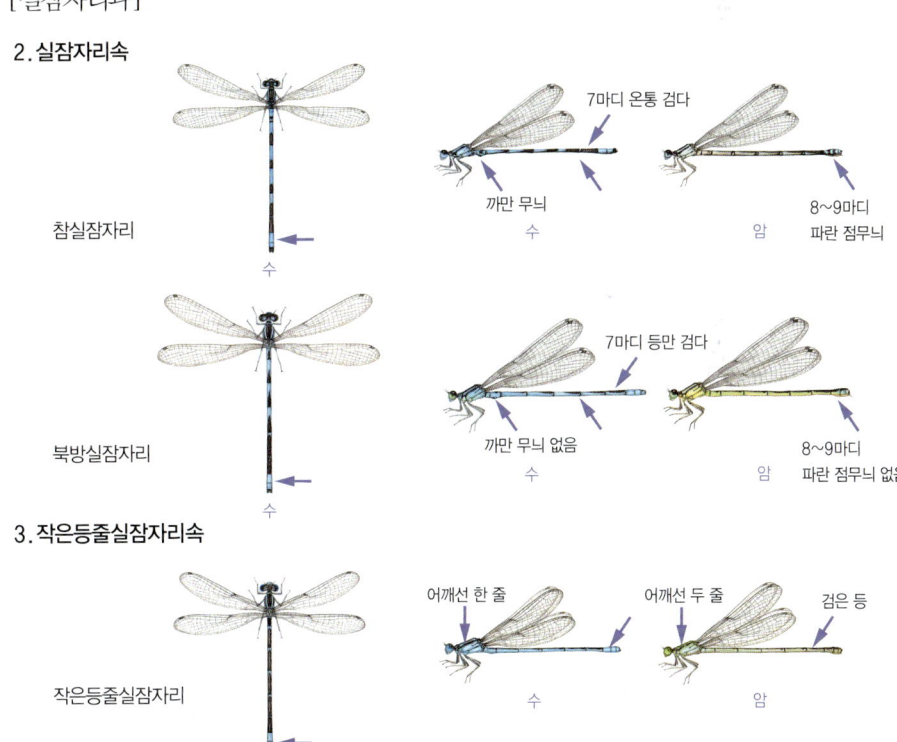

4. 등줄실잠자리속

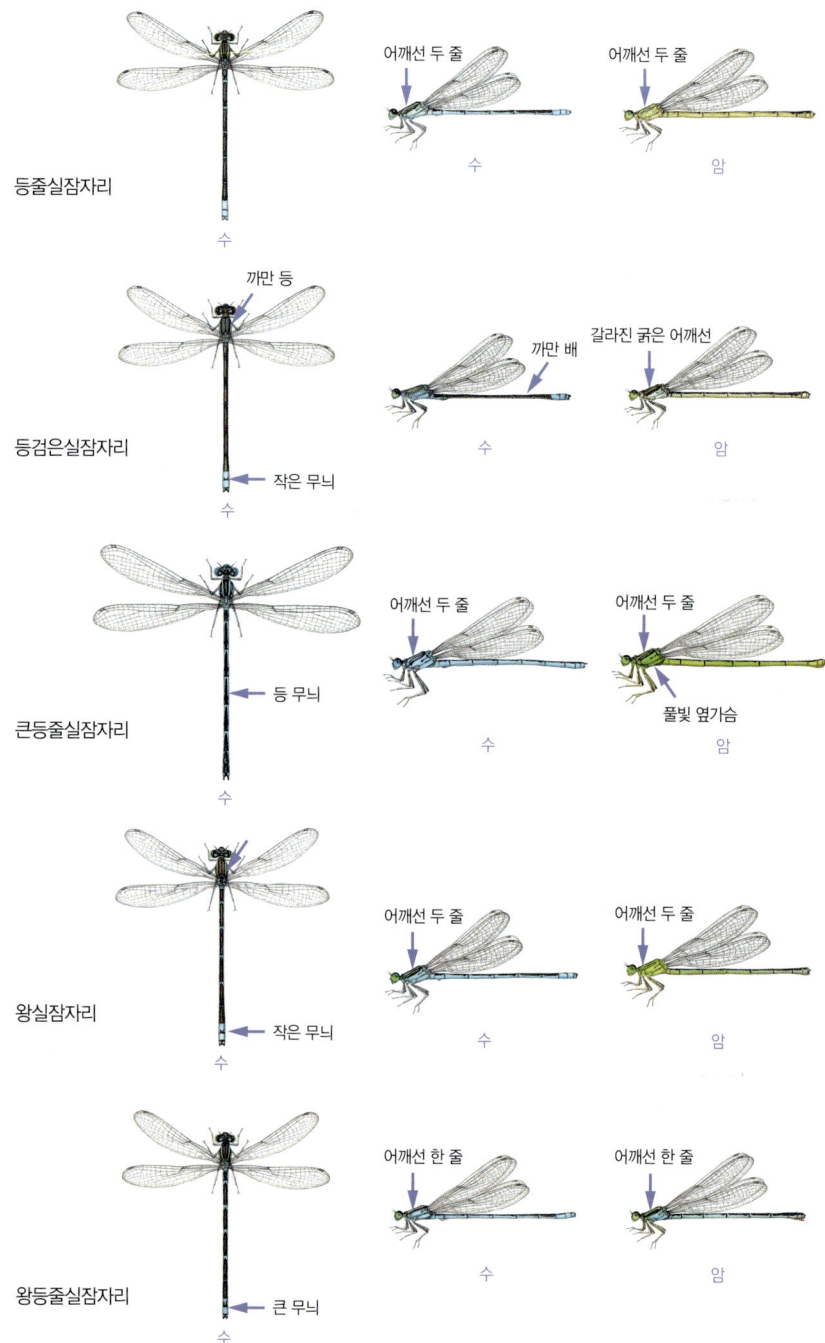

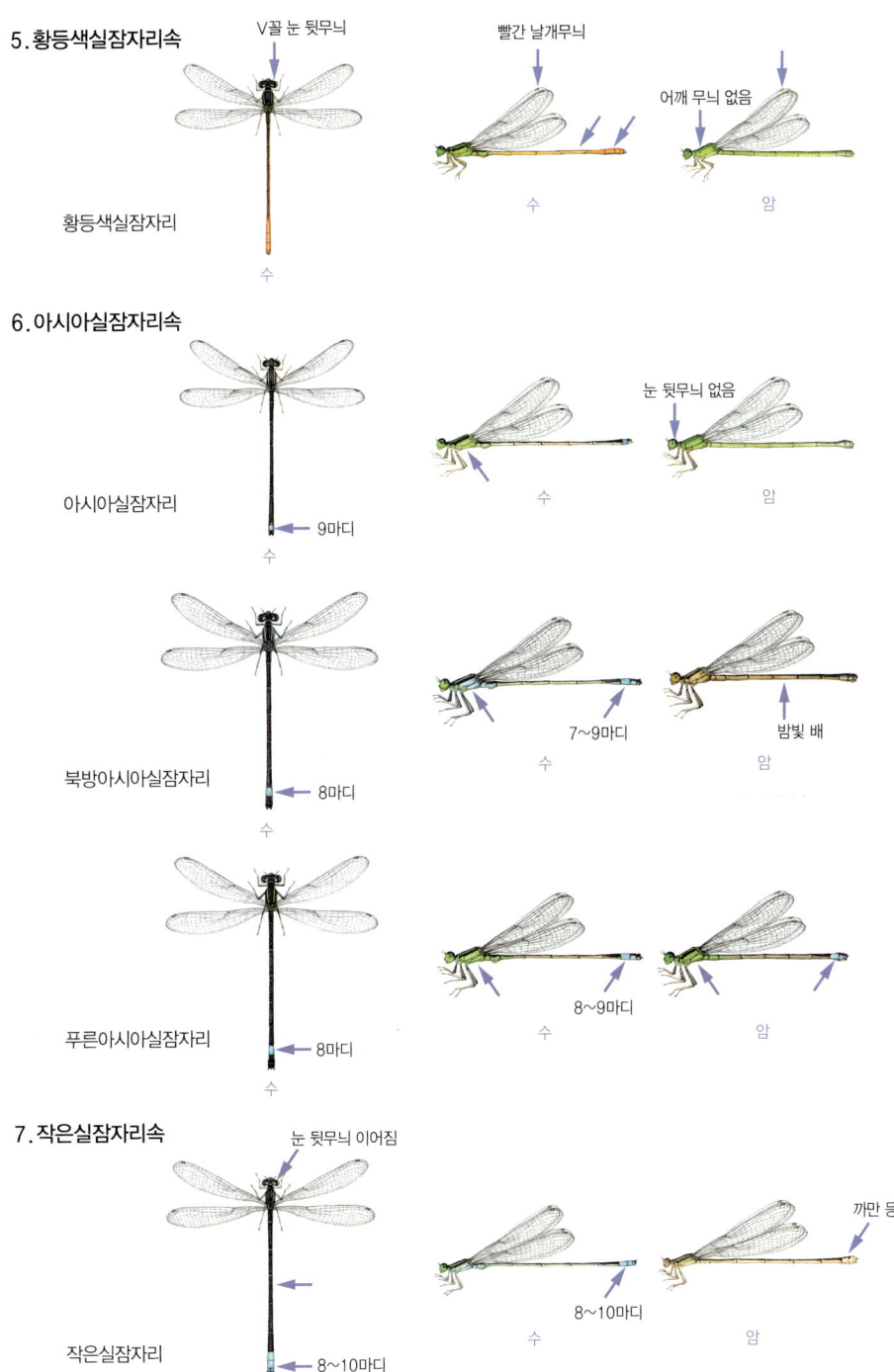

8. 노란실잠자리속

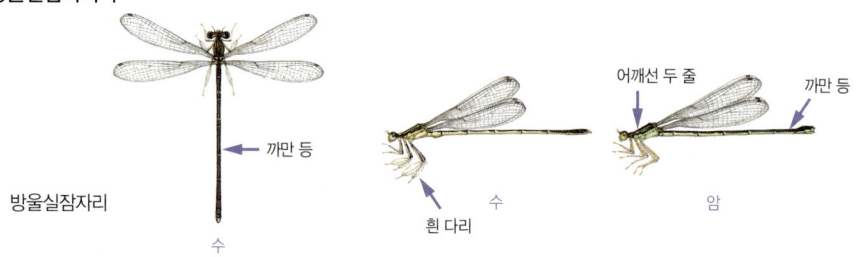

노란실잠자리 — 7~10마디, 수 / 풀빛, 수, 암
새노란실잠자리 — 풀빛 눈, 수 / 풀빛, 수, 까만 점, 암
연분홍실잠자리 — 빨간 눈, 수 / 붉은 빛, 수, 까만 점 없, 암

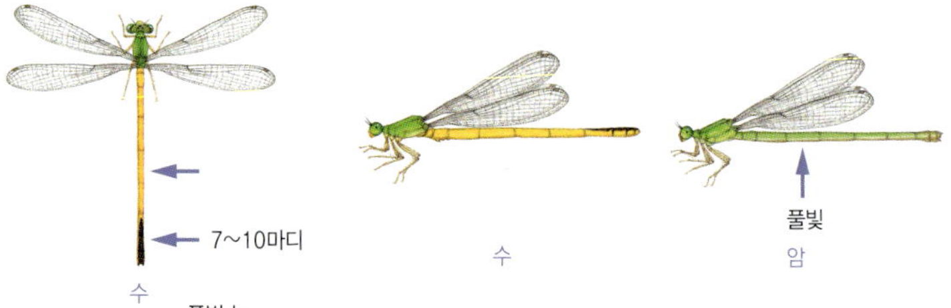

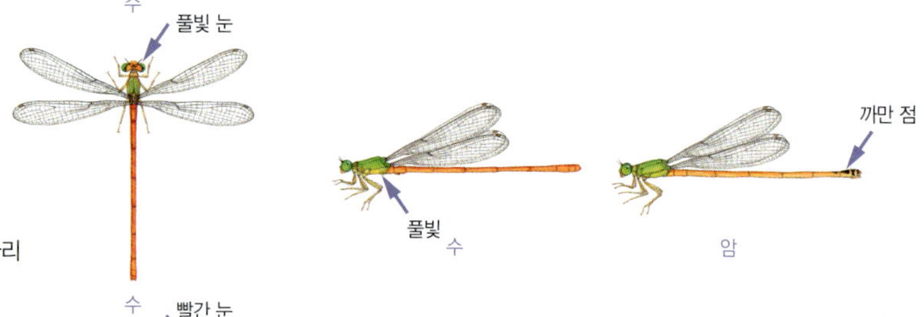

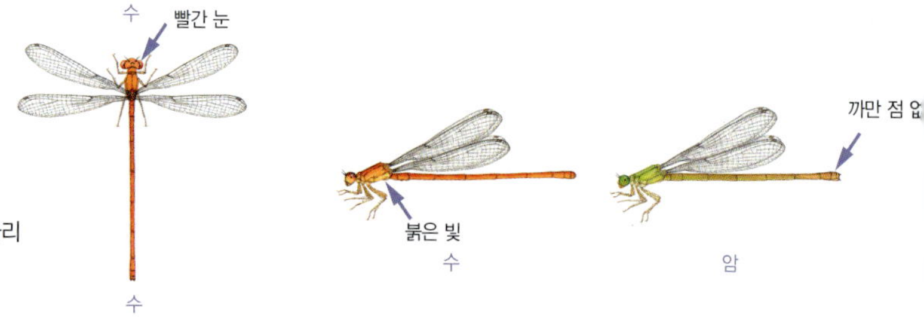

[방울실잠자리과]

9. 방울실잠자리속

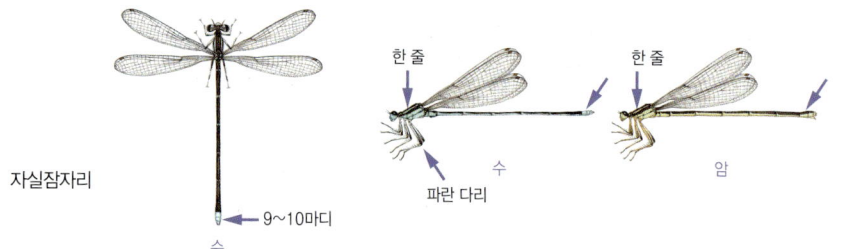

방울실잠자리 — 까만 등, 수 / 흰 다리, 수 / 어깨선 두 줄, 까만 등, 암

10. 자실잠자리속

자실잠자리 — 9~10마디, 수 / 한 줄, 파란 다리, 수 / 한 줄, 암

큰자실잠자리

[청실잠자리과]

11. 청실잠자리속

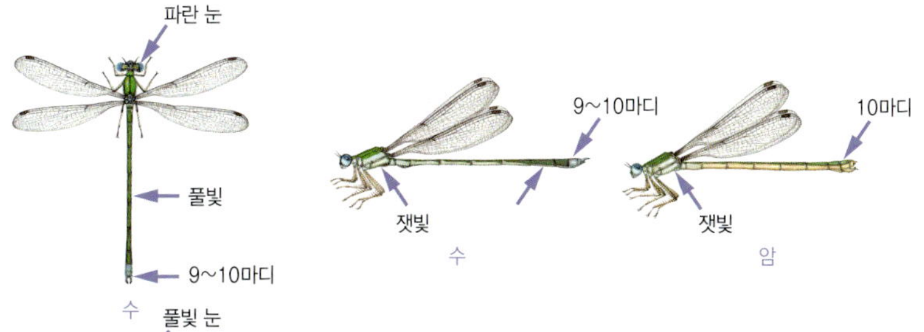

좀청실잠자리

큰청실잠자리

12. 묵은실잠자리속

묵은실잠자리

13. 가는실잠자리속

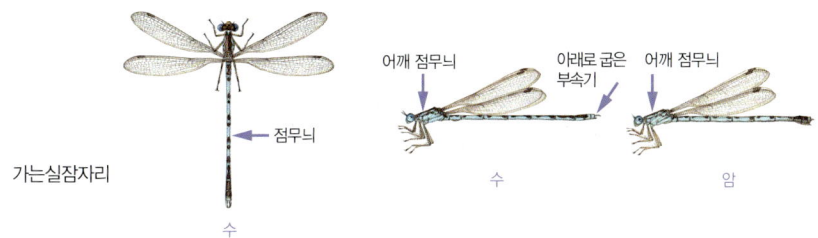

가는실잠자리

65

잠자리아목

[왕잠자리과]

14. 별박이왕잠자리속

15. 왕잠자리속

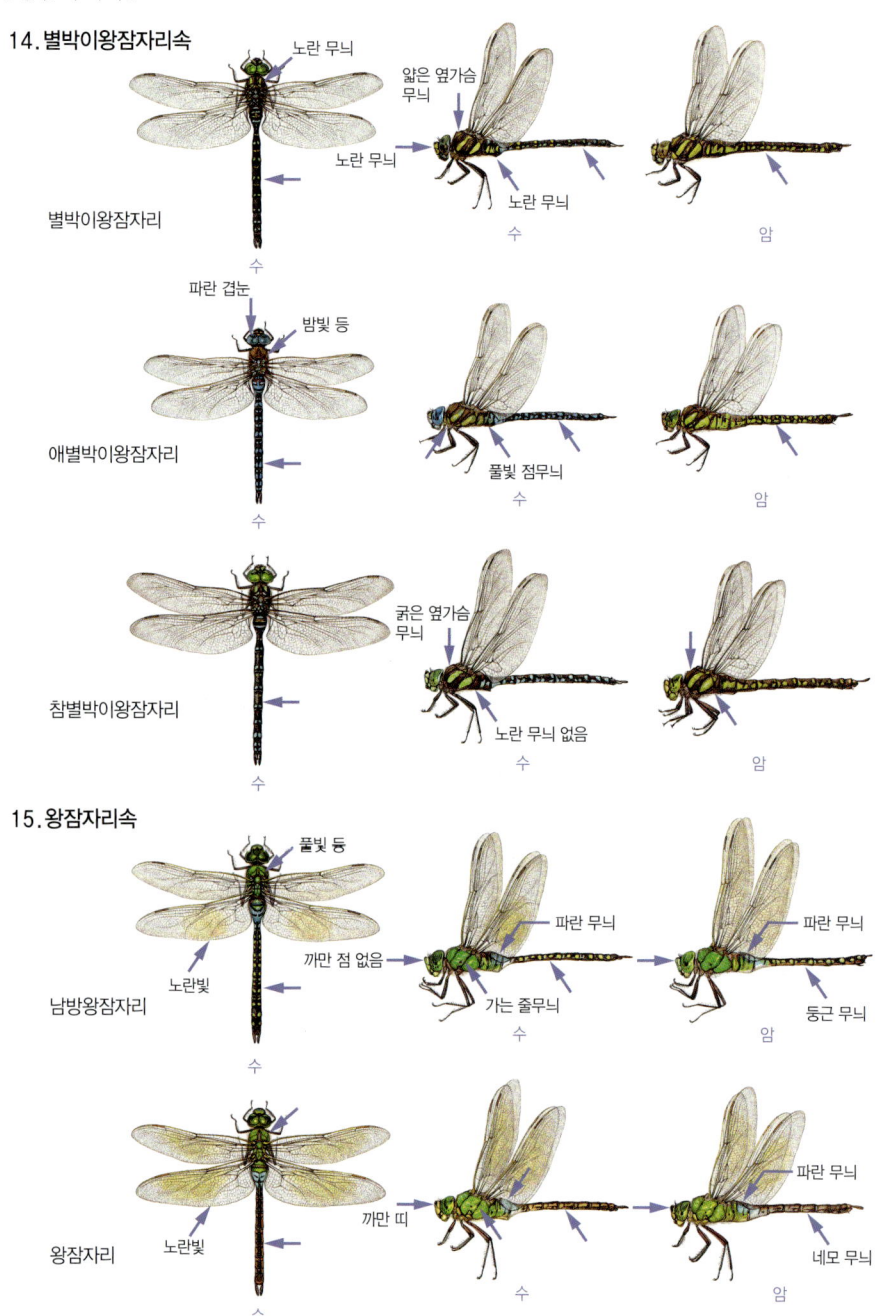

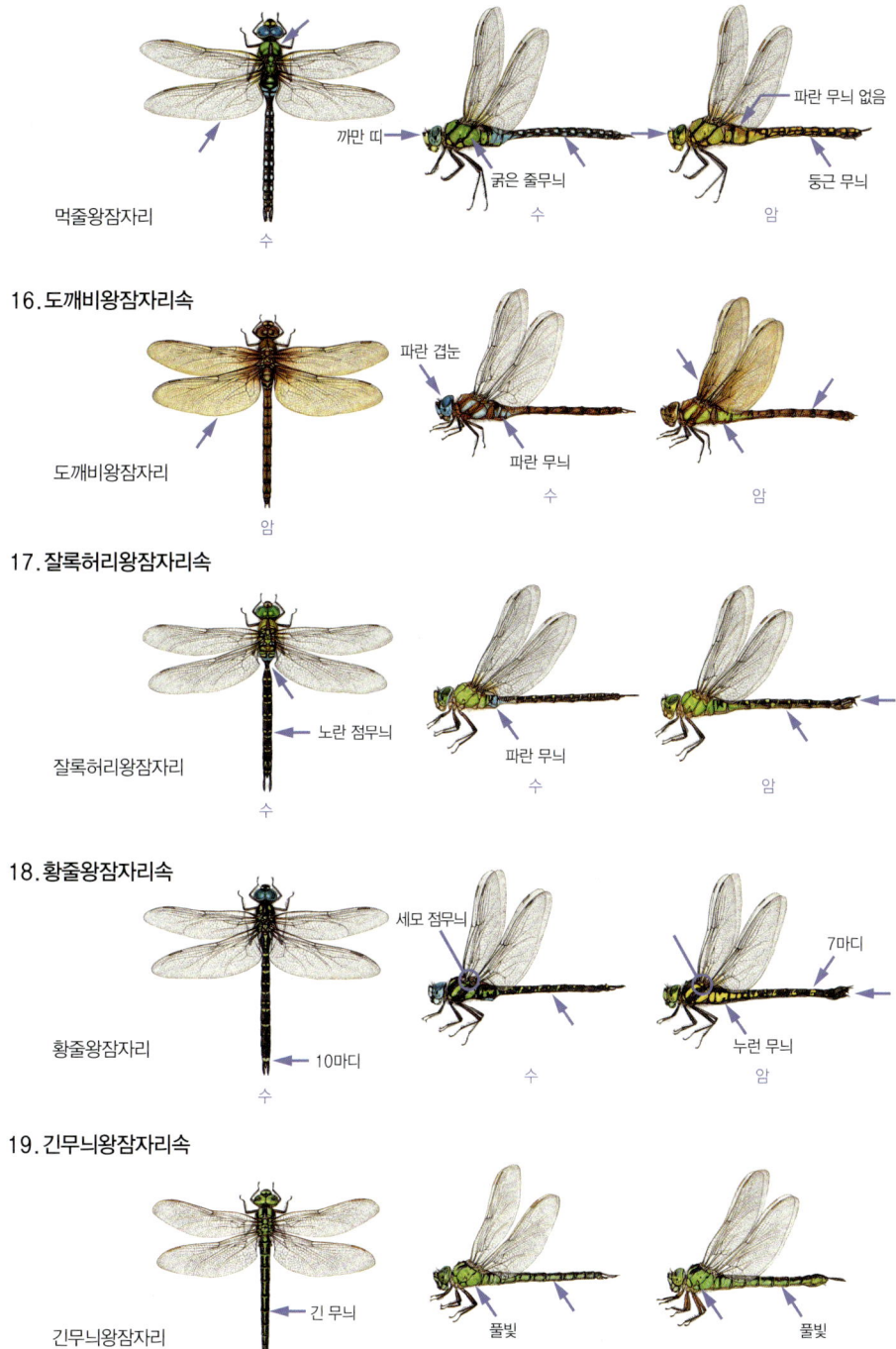

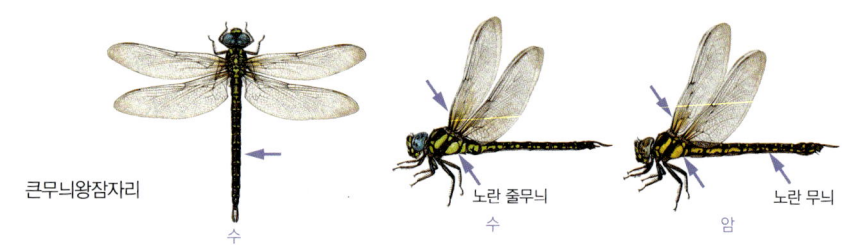

20. 개미허리왕잠자리속

21. 한라별왕잠자리속

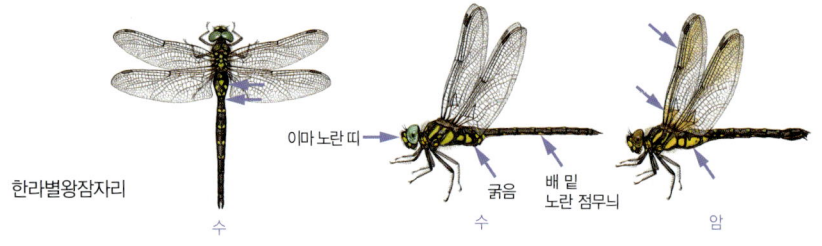

[측범잠자리과]

22. 마아키측범잠자리속

23. 어리측범잠자리속

어리측범잠자리 수

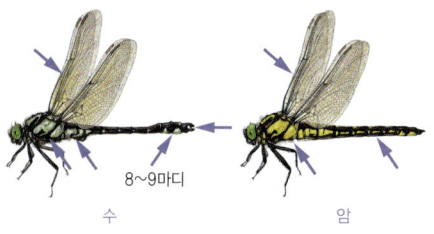
8~9마디 수 암

24. 호리측범잠자리속

호리측범잠자리 수

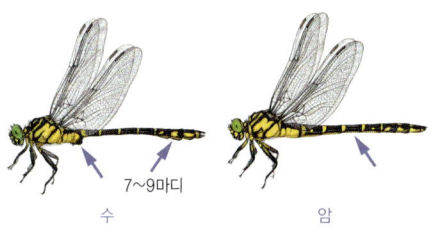
7~9마디 수 암

25. 자루측범잠자리속

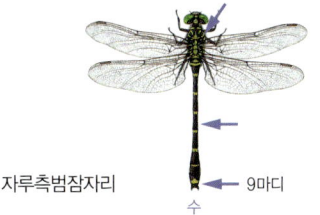
자루측범잠자리 수 9마디

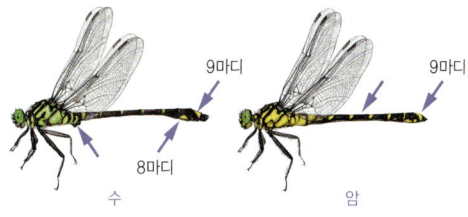
9마디 8마디 수 9마디 암

26. 산측범잠자리속

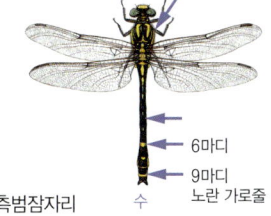
노란배측범잠자리 수 6마디 9마디 노란 가로줄

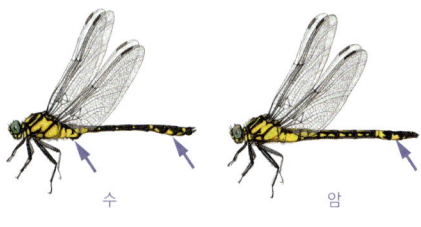
수 암

산측범잠자리 수 9마디 노란 가로줄

수 암 산란판

27. 쇠측범잠자리속

쇠측범잠자리 수 / 수 / 암 / 1~8마디 노란 무늬

28. 가시측범잠자리속

검정측범잠자리 수 / 짧은 9마디 / 작은 부성기 / 수 / 10마디보다 짧은 9마디 / 암

가시측범잠자리 수 / 긴 9마디 / 큰 부성기 / 수 / 10마디보다 긴 9마디 / 암

29. 노란측범잠자리속

노란측범잠자리 / 10마디 노란 줄 / 수 / 수 / 암 / 노란 고리무늬

30. 측범잠자리속

측범잠자리 수 / 노란 다리 수 / 노란 다리 암

31. 푸른측범잠자리속

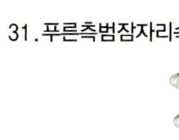

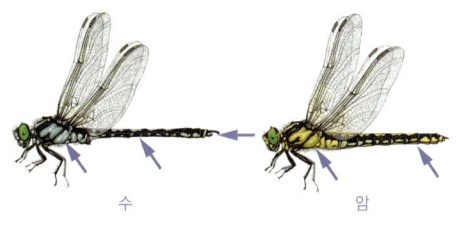

꼬마측범잠자리   1~7마디 세로 줄무늬   8~10마디 가로 줄무늬   수   수   암

32. 어리장수잠자리속

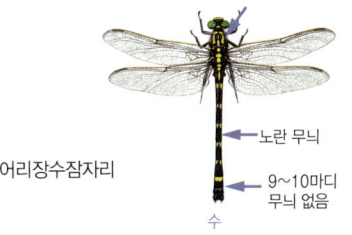
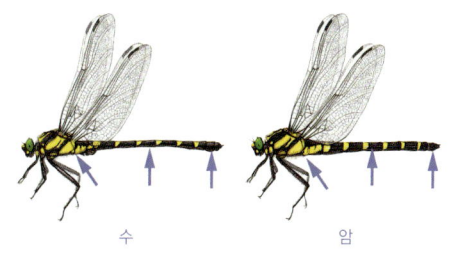

어리장수잠자리   노란 무늬   9~10마디 무늬 없음   수   수   암

33. 어리부채장수잠자리속

어리부채장수잠자리   7마디 통통   수   수   암

34. 부채장수잠자리속

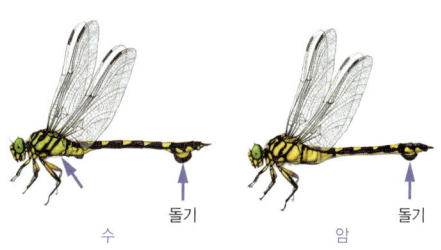

부채장수잠자리   돌기   수   돌기   수   암   돌기

[장수잠자리과]

35. 장수잠자리속

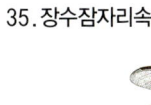
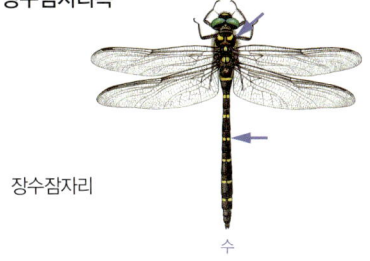
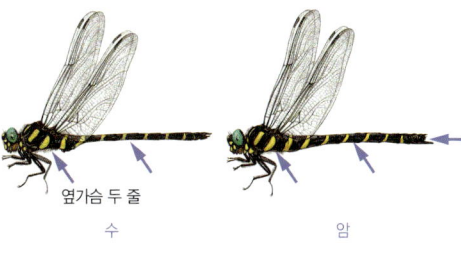

장수잠자리   수   옆가슴 두 줄   수   암

[청동잠자리과]

36. 언저리잠자리속

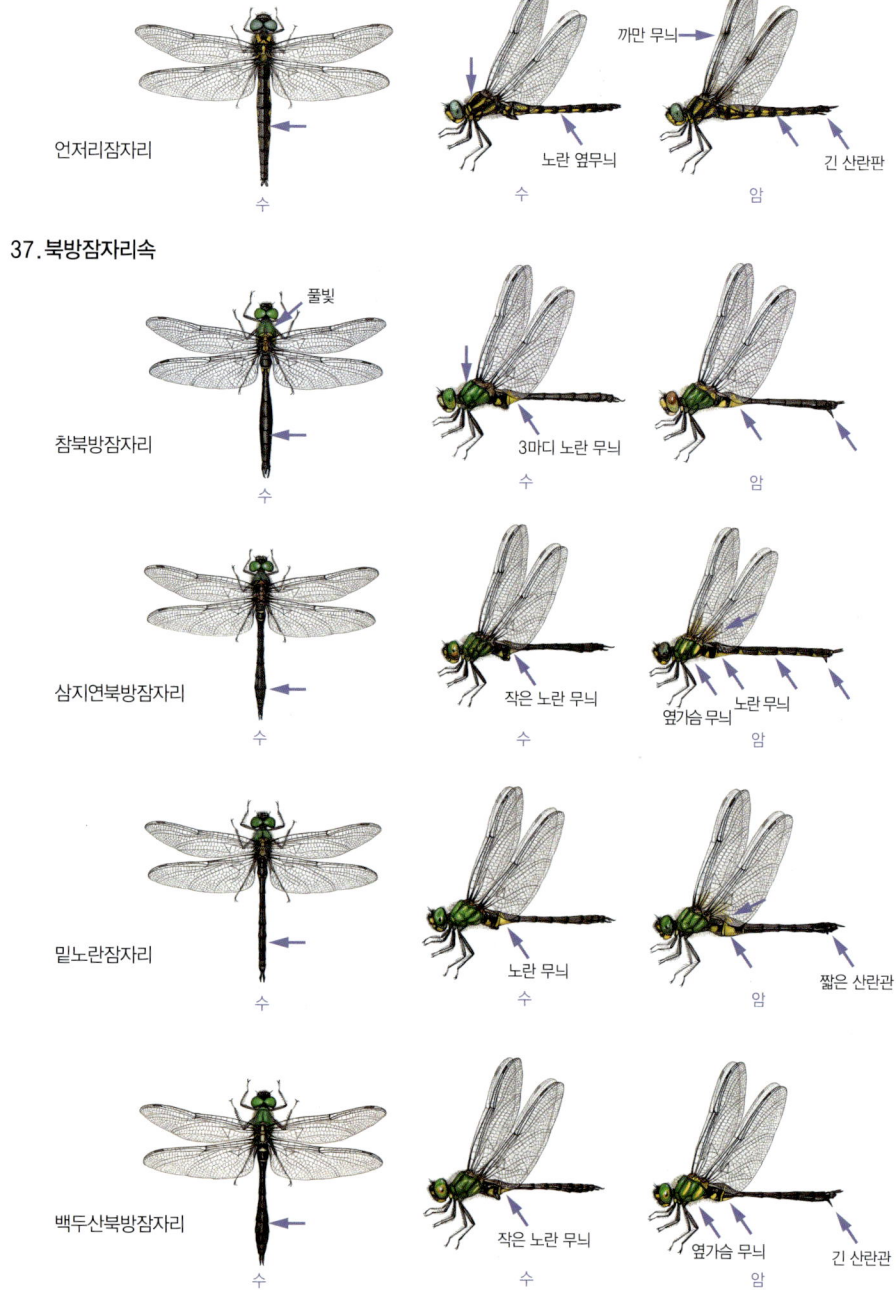

37. 북방잠자리속

[잔산잠자리과]

38. 산잠자리속

산잠자리 수 — 흰 줄무늬 두줄, ㄴ 무늬 수 — 7마디 — 암

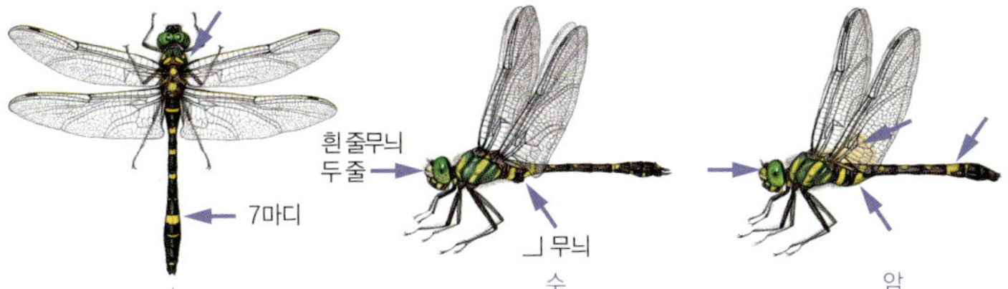

39. 잔산잠자리속

잔산잠자리 수 — 이어진 무늬 수 — 암

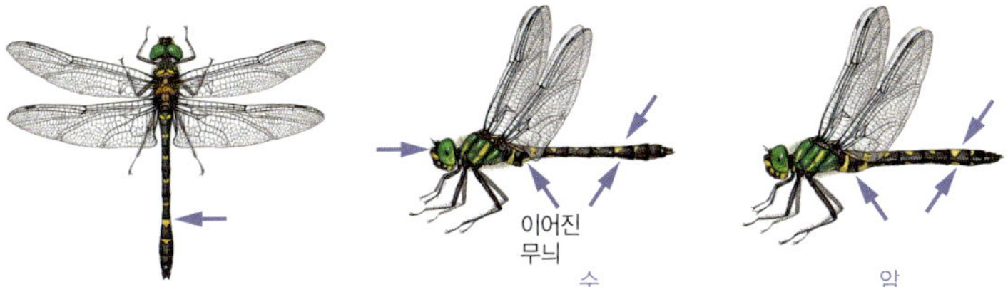

노란잔산잠자리 수 — 끊어진 무늬 수 — 암

만주잔산잠자리 수 — 이어진 무늬 수 — 이어진 무늬 암

[잠자리과]

40. 대모잠자리속

대모잠자리 수 — 수 — 암

넉점박이잠자리   수   수   암

41. 밀잠자리속

밀잠자리   7~10마디 / 수   수   암

중간밀잠자리   수   노란 무늬 / 수   암

큰밀잠자리   8~10마디 / 수   파란 옆가슴 / 수   까만 빛 / 암

홀쭉밀잠자리   수   수   암

42. 배치레잠자리속

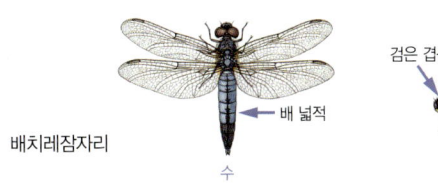

배치레잠자리   수   → 배 넓적   검은 겹눈   수   누런 겹눈   암

43. 꼬마잠자리속

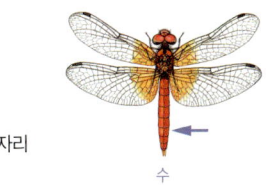

꼬마잠자리   수   빨간 겹눈   수   암

44. 고추잠자리속

고추잠자리   수   빨간 몸   수   누런 배   암

45. 밀잠자리붙이속

밀잠자리붙이   수   수   암

46. 좀잠자리속

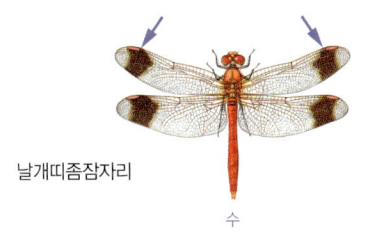
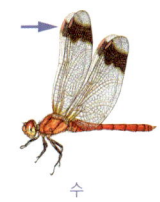
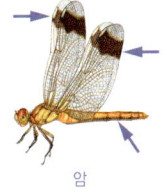

날개띠좀잠자리   수   수   암

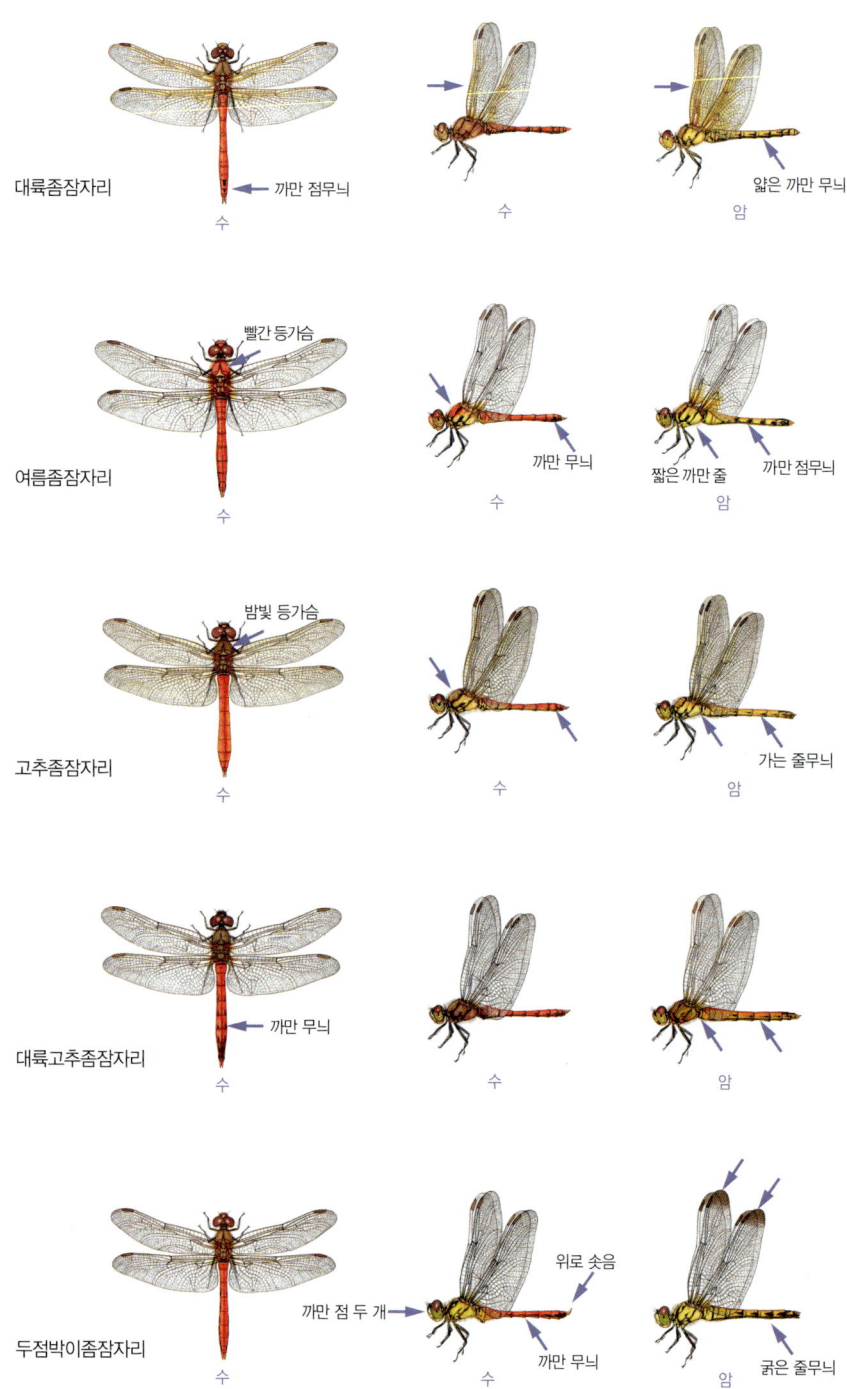

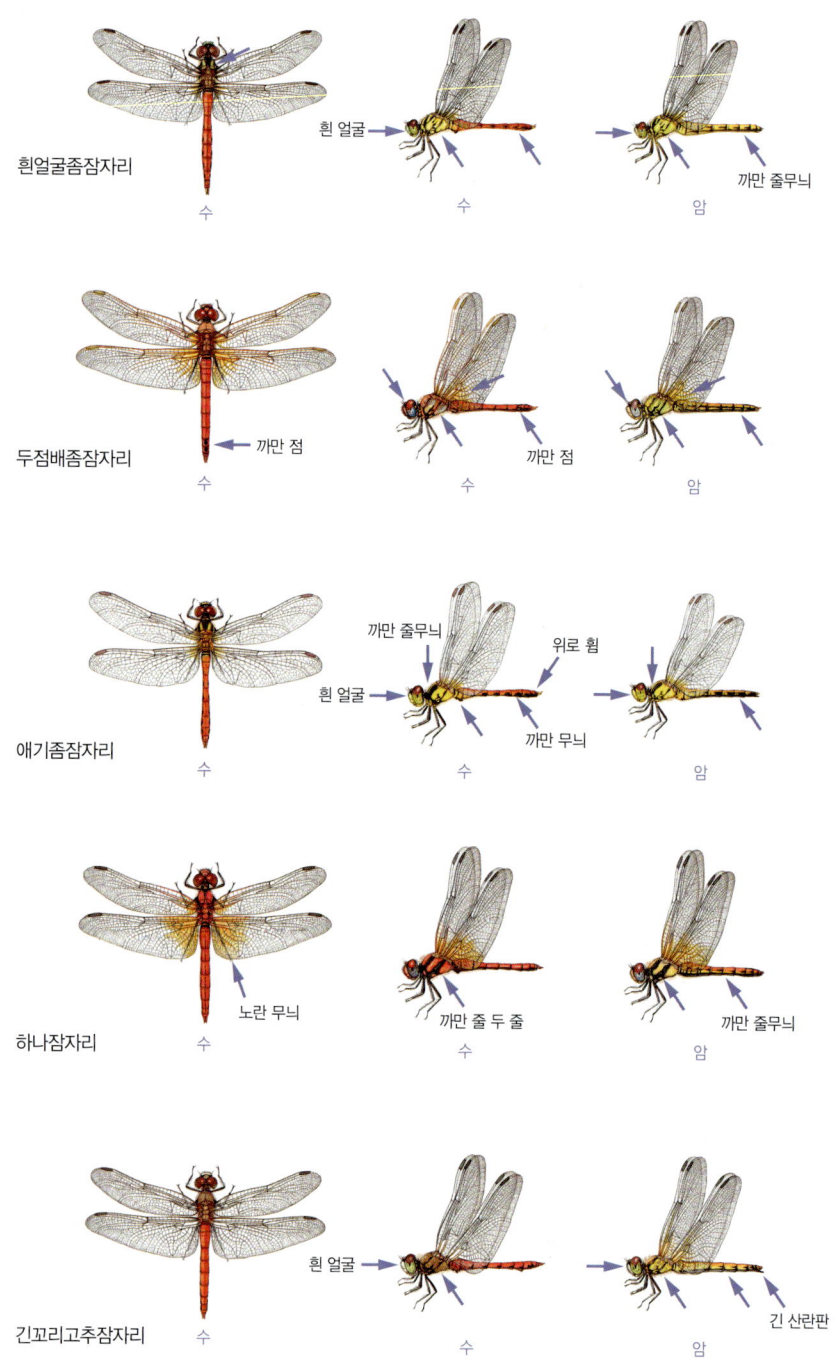

47. 날개잠자리속

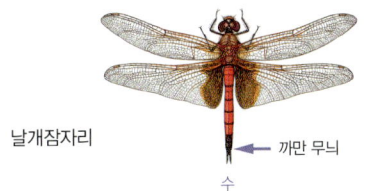
날개잠자리
수 ← 까만 무늬

붉은 무늬
수

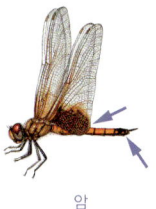
암

48. 된장잠자리속

된장잠자리
수 ← 까만 점무늬

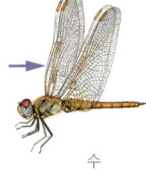
수

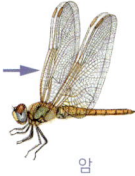
암

49. 노란허리잠자리속

노란허리잠자리
수

수

암

50. 나비잠자리속

나비잠자리
수

수

암

51. 남색이마잠자리속

남색이마잠자리
수　　파란 이마　　잿빛　　수

암

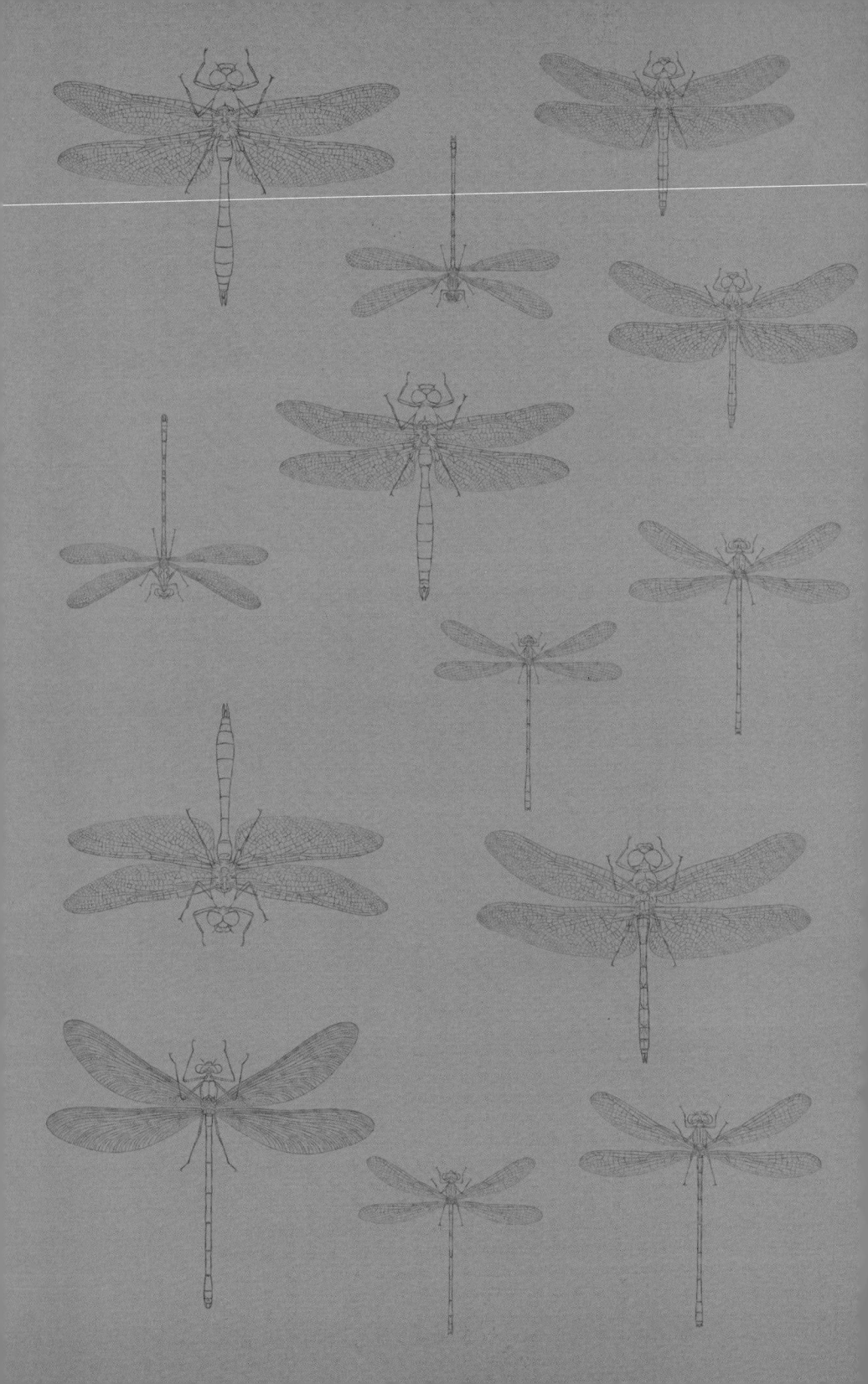

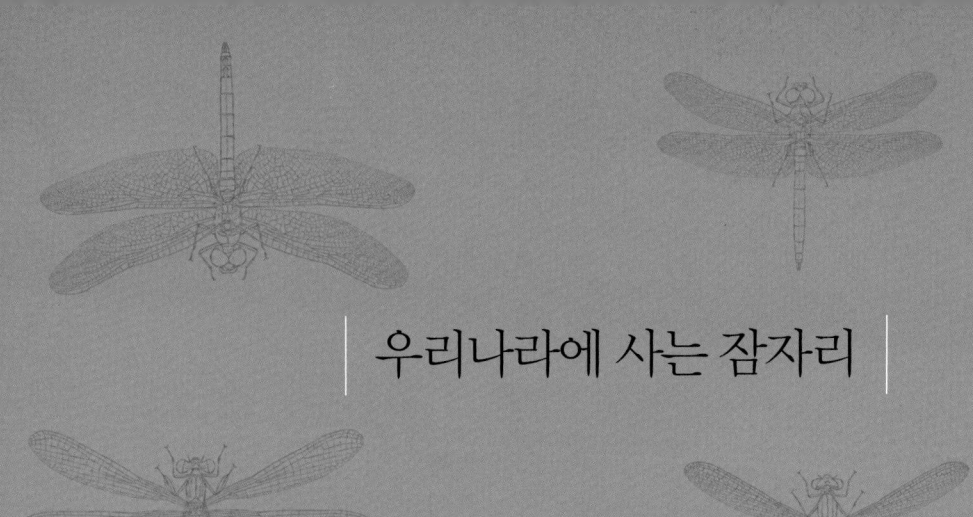

우리나라에 사는 잠자리

검은물잠자리 검은실잠자리(북) *Atrocalopteryx atrata*

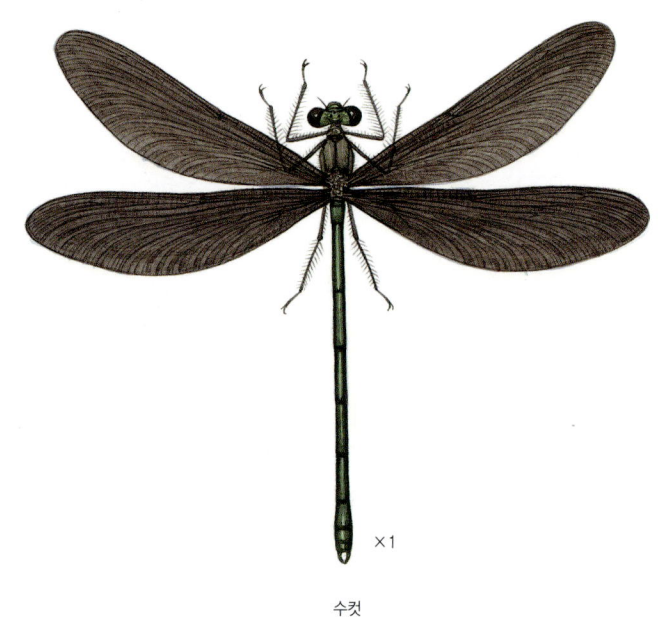

×1

수컷

수컷

암컷

물잠자리과 물잠자리속

검은물잠자리는 암컷과 수컷 모두 날개에 다른 무늬가 없이 까만데, 햇살을 받으면 푸르스름한 빛이 난다. 머리와 가슴과 꼬리는 꼭 쇠붙이처럼 반짝이는 풀빛이다. 암컷은 온몸이 까맣다.

검은물잠자리는 물풀이 우거진 개울이나 내 같은 하천에 산다. 물살이 느리게 흐르고 물이 맑은 곳을 좋아한다. 물 가장자리에 있는 바위나 풀줄기에 자주 앉는다. 앞이 탁 트여 훤한 곳에 앉아 날개를 곧추세우고 딱 붙이고 있다가 자주 폈다 접었다 한다. 그러다가 자기 사는 곳 위를 빙빙 돌면서 텃세를 심하게 부린다. 다른 수컷이 자기 사는 곳에 들어오면 날개를 더 빨리 폈다 접었다 하면서 가까이 못 오게 한다. 수컷 두 마리가 서로 쫓아다니는 모습을 자주 보는데, 수컷끼리 좋은 자리를 차지하려고 싸우는 것이다. 암컷은 수풀이 우거진 그늘진 곳에서 산다. 6월 말에서 10월 초까지 볼 수 있다. 경계심이 세서 사람이 가까이 가기도 전에 홀쩍 날아간다.

검은물잠자리는 7월쯤부터 물 가장자리 풀숲을 옮겨 다니며 짝짓기를 한다. 짝짓기를 마친 암컷은 혼자 물속에 배를 집어넣고 물풀 줄기 안에 알을 낳는다. 가끔 온몸이 물속에 들어가기도 한다. 일주일이면 알에서 애벌레가 깨어 나온다. 애벌레는 물가 물풀에 붙어살면서 하루살이나 깔따구 애벌레, 실지렁이, 작은 올챙이, 물고기 따위를 잡아먹고 산다. 애벌레로 물속에서 두 해 겨울을 나고, 그 이듬해 6월쯤 물 밖으로 나와 어른 잠자리가 된다.

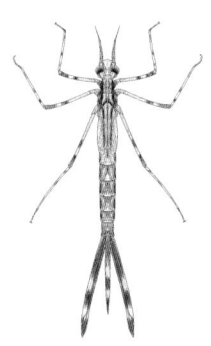

크기 60~62mm
사는 곳 들판 개울, 내
나오는 때 6~10월
분포 아주 흔함
겨울나기 애벌레
알 낳기 혼자, 물풀 줄기
한살이 2년 1세대

물잠자리 푸른물실잠자리(북) *Calopteryx japonica*

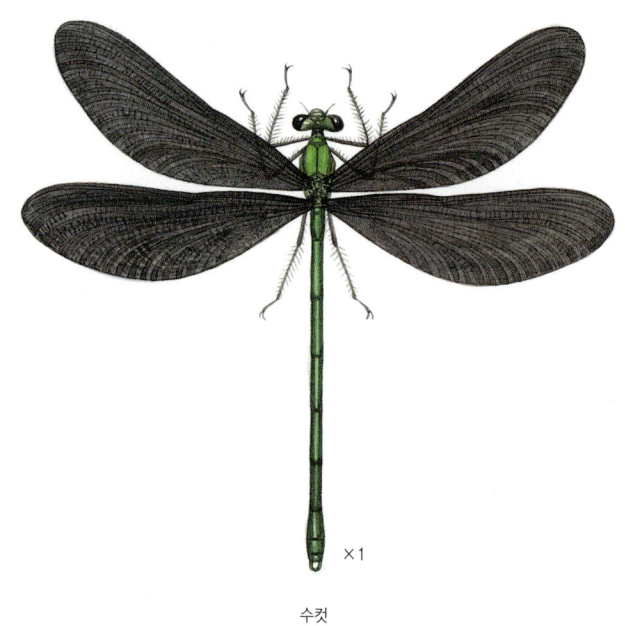

×1

수컷

수컷

암컷

물잠자리과 물잠자리속

물잠자리는 물가에 사는 잠자리다. 물이 맑은 골짜기나 개울, 강가에 산다. 갈대나 물풀이 수북이 난 곳에서 볼 수 있다. 물잠자리는 검은물잠자리보다 날개 생김새가 둥그스름하고 조금 더 작다. 또 검은물잠자리 암컷 날개에는 하얀 날개무늬가 없고, 물잠자리 암컷은 있다. 물잠자리는 날개를 펴고 앉지 않고 날개를 모아서 딱 붙이고 곧게 세운다. 검은물잠자리처럼 날개를 접었다 폈다 한다. 우리나라 어디에서나 볼 수 있지만, 제주도에서는 살지 않는다. 5월부터 7월 말까지 볼 수 있다.

물잠자리 수컷은 물 가장자리에서 위아래로 오르락내리락 날아다니고, 물풀 줄기 위에 자주 앉는다. 또 다른 수컷이 못 들어오게 텃세를 부린다. 암컷 날개에는 하얀 날개무늬가 있어서 수컷이 암컷을 알아본다. 암컷과 수컷은 짝짓기를 하며 이리저리 돌아다닌다. 짝짓기를 마치면 암컷 혼자 알을 낳는다. 암컷이 꽁무니를 물속에 집어넣고 물속 물풀 줄기 속에 알을 낳는다. 아예 물속에 온몸이 들어가서 알을 낳기도 한다. 일주일쯤 지나면 알에서 애벌레가 깨어 나온다. 애벌레는 물속 물풀 줄기에 붙어살며 하루살이나 깔따구 애벌레, 실지렁이, 작은 올챙이, 물고기 따위를 잡아먹는다. 애벌레로 두 해 겨울을 나고, 그 이듬해 5월에 물 밖으로 나와 머리를 위로 두고 바로 선 자세에서 날개돋이 한다. 날개돋이를 한 뒤로도 멀리 안 가고 가까이에서 산다.

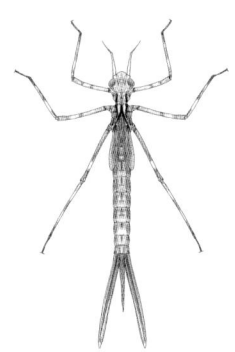

크기 57~60mm
사는 곳 산과 들 개울, 강가
나오는 때 5~7월
분포 흔함
겨울나기 애벌레
알 낳기 혼자, 물풀 줄기
한살이 2년 1세대

참실잠자리 *Coenagrion johanssoni*

×1.5

수컷

수컷

암컷

실잠자리과 실잠자리속

　참실잠자리는 물풀이 많이 우거진 늪이나 웅덩이, 연못에 많이 산다. 우리나라 어디에서나 볼 수 있지만 제주도에는 없다.

　수컷은 배에 파랗고 까만 무늬가 번갈아 나 있어서 눈에 잘 띈다. 암컷은 누르스름하다. 수컷은 7번째 배마디가 온통 까맣고, 8~9번째 배마디는 모두 파랗고, 10번째 배마디는 까맣다. 2번째 배마디 옆에 까만 무늬가 있어서 북방실잠자리와 다르다. 암컷은 배마디마다 까만 띠무늬가 있고, 8~9번째 배마디에 파란 점무늬가 있다.

　참실잠자리는 5월 초부터 9월까지 볼 수 있다. 수컷은 물가에 자란 물풀 둘레에서 어른 허리 높이 아래로 잘 날아다닌다. 날아다니면서 하루살이 같은 작은 벌레를 잡아먹는다. 물풀에 자주 내려앉는데, 자기 사는 곳을 정해 놓고 다른 잠자리와 싸우기도 한다. 짝짓기 철이 되면 다른 잠자리처럼 암컷과 수컷이 서로 꼬리를 둥그렇게 휘어 붙잡고 짝짓기를 한다. 알을 낳을 때도 서로 안 떨어진다. 수컷은 꼬리 끝으로 암컷 앞가슴을 잡고 곧추서고, 암컷은 꼬리를 물속에 넣고 물풀 줄기 속에 알을 낳는다. 일주일쯤 지나면 알에서 애벌레가 깨어 나온다. 물이 느리게 흐르고, 물풀이 우거진 물속에서 가을까지 다 큰 채로 겨울을 난다. 이듬해 5월쯤 물 밖으로 나와 날개돋이 한다.

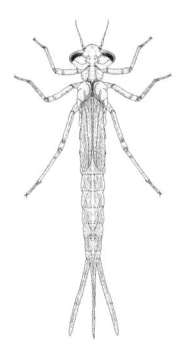

크기 30~34mm
사는 곳 산속 연못, 웅덩이, 늪
나오는 때 5~9월
분포 흔함
겨울나기 애벌레
알 낳기 연결, 물풀 줄기
한살이 1년 1세대

북방실잠자리
작은실잠자리(북) *Coenagrion lanceolatum*

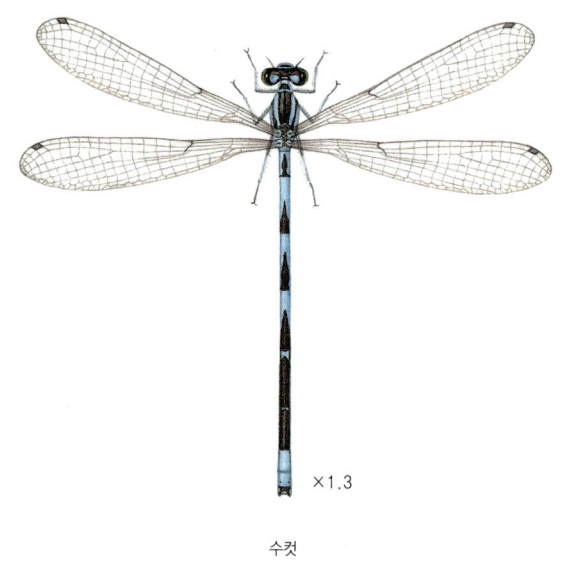

×1.3

수컷

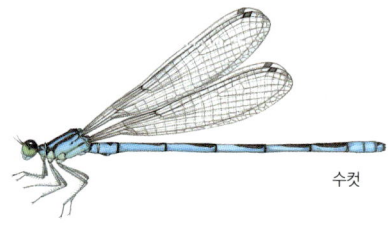

수컷

암컷

실잠자리과 실잠자리속

북방실잠자리는 실잠자리 가운데 몸이 제법 크다. 물풀이 수북이 자란 연못이나 늪에서 산다. 사는 곳이 넓지 않은데 경기도와 강원도 북쪽 지역에서만 가끔 볼 수 있다.

북방실잠자리는 참실잠자리와 닮았는데, 둘째 배마디 옆에 까만 무늬가 없고 7번째 배마디 등만 까매서 참실잠자리와 다르다. 수컷은 머리 뒤쪽에 동그랗고 파란 무늬가 있다. 등가슴에는 파란 줄무늬가 한 줄 굵게 나 있다. 2~7번째 배마디는 파랗고 등 쪽에 까만 무늬가 있다. 8~9번째 배마디는 파랗고, 까만 무늬가 없다. 암컷은 몸빛이 노르스름하고 참실잠자리 암컷과 달리 꽁무니에 파란 점무늬가 없고 등 쪽이 모두 까맣다.

북방실잠자리는 5월 중순에 날개돋이 해서 8월까지 날아다닌다. 갓 날개돋이 했을 때는 물가 둘레 풀숲에서 숨어 지낸다. 6월쯤 되면 수컷이 물가를 날아다니며 자기 둘레에 다른 수컷이 못 들어오게 지키면서 암컷을 찾아 짝짓기를 한다. 짝짓기를 끝내면 서로 이어진 채 암컷이 꽁무니를 물속에 집어넣고 물풀 줄기 속에 알을 낳는다. 일주일쯤 지나면 알에서 애벌레가 깬다. 애벌레는 물속 물풀 줄기에 붙어 지내며 겨울을 나고 이듬해 봄에 물 밖으로 나와 날개돋이 한다. 어른 암컷과 수컷은 겨울을 못 넘기고 죽는다.

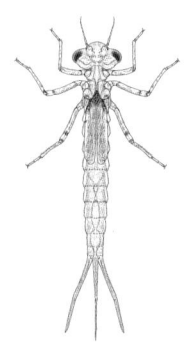

크기 40~42mm
사는 곳 연못
나오는 때 5~8월
분포 드묾
겨울나기 애벌레
알 낳기 연결, 물풀 줄기
한살이 1년 1세대

작은등줄실잠자리 연한줄실잠자리(북) *Paracercion melanotu*

×1.5

수컷

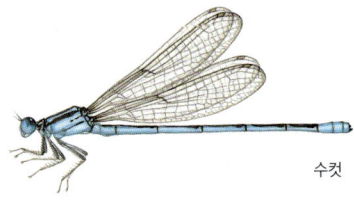

수컷

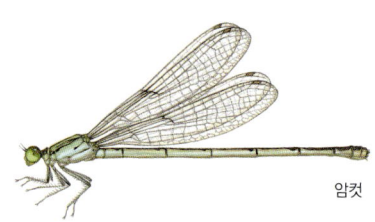

암컷

실잠자리과 등줄실잠자리속

작은등줄실잠자리는 등줄실잠자리와 닮았는데, 수컷 등가슴 어깨에 있는 까만 줄무늬가 갈라지지 않고 한 줄로 굵다. 다른 등줄실잠자리 수컷들은 등 줄무늬가 두 줄이다. 참실잠자리와 북방실잠자리와 달리 배 등 쪽이 온통 까맣고 8~10번째 배마디만 파랗다. 암컷 몸빛은 풀빛이고 배 등 쪽이 온통 까맣다. 가슴 어깨에 있는 줄무늬는 가늘고 두 줄이어서 다른 등줄실잠자리 암컷과 닮았다. 눈 뒤에 있는 파란 물방울무늬가 다른 암컷보다 작다. 이름과 달리 작은등줄실잠자리가 등줄실잠자리보다 조금 더 크다.

작은등줄실잠자리는 바닷가 저수지나 둠벙, 연못, 늪에 많이 산다. 중부와 남부 지방, 제주도에서 흔하게 볼 수 있다. 서해 바닷가 쪽에서 많이 살고 동해 쪽에는 드물다. 5월 중순부터 날개돋이 해서 9월까지 볼 수 있다. 수컷은 연못 위를 날아다니다가 물낯에 떠 있는 연이나 순채 같은 물풀 잎에 잘 내려앉는다. 자기 사는 곳으로 다른 수컷이 들어오면 싸워서 쫓아낸다. 암컷을 만나면 풀숲으로 들어가 짝짓기를 한다. 짝짓기를 마쳐도 둘이 안 떨어지고 이어진 채 함께 다니며 암컷이 물속에 있는 물풀 줄기 속에 알을 낳는다. 일주일쯤 지나면 알에서 애벌레가 깨어 나온다. 애벌레는 물속에서 허물을 벗으며 크다가 겨울이 지나고 이듬해 5월에 날개돋이를 한다.

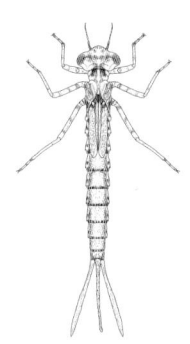

크기 31~35mm
사는 곳 바닷가 연못, 늪
나오는 때 5~9월
분포 흔함
겨울나기 애벌레
알 낳기 연결, 물풀 줄기
한살이 1년 1세대

등줄실잠자리 *Paracercion hieroglyphicum*

×1.8

수컷

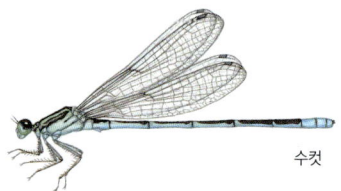

수컷

암컷

실잠자리과 등줄실잠자리속

등줄실잠자리는 작은등줄잠자리와 닮았는데 수컷 가슴 양쪽 어깨에 있는 까만 줄무늬가 두 줄로 갈라졌다. 배는 옆에서 보면 파랗고 위에서 보면 까맣다. 8~10번째 배마디가 파랗고 아무 무늬도 없다. 머리 뒤에 동그랗고 파란 무늬가 있다. 암컷은 몸이 밤빛이고 배 등 쪽이 검은 밤색이다. 암컷 뒷머리에 있는 동그란 무늬가 수컷보다도 크고, 같은 등줄실잠자리 무리 암컷보다 훨씬 크다.

등줄실잠자리는 들판에 물풀이 우거진 연못이나 저수지, 강에서 산다. 우리나라 어디서나 볼 수 있지만 수는 적다. 5월 중순에 날개돋이 하고 9월까지 볼 수 있다. 물가 풀숲을 날아다니며 작은 날벌레를 잡아먹는다. 물가 풀숲에서 짝짓기를 하고 수컷과 암컷이 서로 이어진 채 물속 물풀 줄기 속에 알을 낳는다. 암컷은 물속에 잠겨도 아랑곳하지 않고 알을 낳기도 한다. 일주일쯤 지나면 알에서 애벌레가 깨어 나온다. 애벌레는 물속에 있는 물풀 줄기에 붙어살면서 겨울을 나고, 이듬해 5월에 날개돋이 한다.

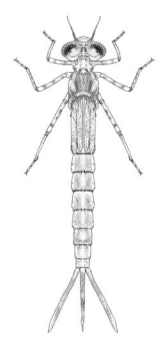

크기 26~34mm
사는 곳 들판 연못, 저수지, 강
나오는 때 5~9월
분포 제법 드묾
겨울나기 애벌레
알 낳기 연결, 물풀 줄기
한살이 1년 1세대

등검은실잠자리 검은줄실잠자리(북) *Paracercion calamorum*

×1.8

수컷

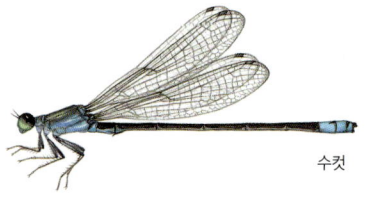

수컷

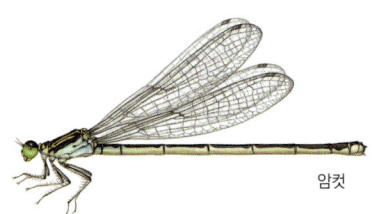

암컷

실잠자리과 등줄실잠자리속

등검은실잠자리는 물풀이 수북하게 자란 둠벙이나 연못, 저수지, 늪에 산다. 우리나라 어디에나 흔하게 살고 가장 많이 볼 수 있다. 4월에 날개돋이 해서 10월까지 날아다닌다.

등검은실잠자리 수컷은 몸빛이 여러 가지다. 갓 날개돋이 한 수컷은 등가슴이 까맣고 풀빛 줄무늬가 뚜렷하다. 조금 더 자라면 풀빛 줄무늬는 안 보이고 등가슴이 모두 까맣게 바뀐다. 완전히 어른이 되면 잿빛 분이 가슴 등 쪽과 몸에 나타난다. 암수 모두 머리 뒤쪽에 작고 파란 물방울무늬가 있다. 수컷은 8~10번째 배마디가 파랗고, 8번째 배마디에는 작고 까만 V꼴 무늬가 있다. 이 무늬는 배마디 크기에 1/2이 안 된다. 암컷은 수컷보다 누르스름하다. 날개가슴은 파랗고 배 등 쪽은 까맣다.

등검은실잠자리는 갓 날개돋이 하면 풀숲에 숨는다. 어른이 되면 연못 물낯 위를 날아다니다가 물 위에 뜬 물풀 위에 자주 내려앉는다. 다른 수컷이 자기 사는 곳으로 못 들어오게 쫓는다. 암컷을 만나면 물풀이 우거진 곳이나 연잎 위에서 짝짓기를 하고, 서로 이어진 채로 물속 물풀 줄기 속에 알을 낳는다. 알에서 깬 애벌레는 물속에서 겨울을 나고 이듬해 이른 봄에 날개돋이를 한다.

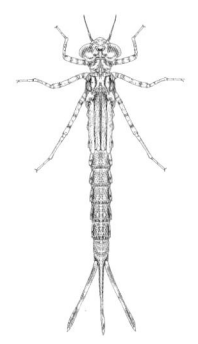

크기 28~32mm
사는 곳 들판 연못, 늪, 저수지
나오는 때 4~10월
분포 아주 흔함
겨울나기 애벌레
알 낳기 연결, 물풀 줄기
한살이 1년 1세대

큰등줄실잠자리 *Paracercion plagiosum*

×1.3

수컷

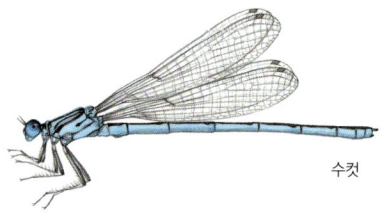

수컷

암컷

실잠자리과 등줄실잠자리속

큰등줄실잠자리는 등줄실잠자리 무리 가운데 몸이 아주 크다. 다른 실잠자리 무리처럼 물풀이 우거진 연못이나 늪에서 사는데 아주 드물다. 5월 말부터 날개돋이 해서 7월 말까지 볼 수 있다.

큰등줄실잠자리는 등가슴 어깨에 있는 까만 줄무늬가 두 줄로 나뉘었다. 암컷과 수컷 모두 8~10번째 배마디 위쪽은 온통 까맣다. 머리 뒤쪽에 있는 물방울무늬가 눈 크기 1/2보다 더 크다. 아직 덜 컸을 때는 암컷과 수컷 모두 누런 풀빛이다가 다 크면 수컷은 파랗게 바뀌고, 암컷은 그대로 누런 풀빛이다. 전북 군산, 경기 김포, 파주, 양주 같은 중부지방에서 가끔 볼 수 있을 뿐이다. 사는 모습은 더 밝혀져야 한다.

크기 38~42mm
사는 곳 들판 연못, 늪
나오는 때 5~7월
분포 아주 드묾
겨울나기 애벌레
알 낳기 연결, 물풀 줄기
한살이 모름

왕실잠자리

큰실잠자리(북) *Paracercion v-nigrum*

×1.7

수컷

수컷

암컷

실잠자리과 등줄실잠자리속

왕실잠자리는 우리나라 어디에서나 아주 흔하게 볼 수 있다. 물풀이 수북이 자란 늪이나 연못, 저수지에 산다. 5월 중순에 날개돋이를 해서 9월까지 볼 수 있다. 사는 모습은 다른 실잠자리와 비슷하다. 암컷과 수컷이 짝짓기를 하면 서로 이어진 채 물속에 자라는 물풀 줄기 속에 알을 낳는다. 일주일쯤 지나면 알에서 애벌레가 깨어 나온다. 애벌레는 물속에서 겨울을 나고 이듬해 5월에 날개돋이를 한다.

왕실잠자리 수컷은 온몸이 파랗고, 여덟 번째 배마디에 V꼴 무늬가 있다. 무늬 크기는 배마디에 1/2이 안 된다. 암컷은 풀빛을 띠고, 배 등 쪽이 까맣다. 암컷 눈 뒤에 있는 물방울무늬는 눈 크기에 반쯤 된다.

왕실잠자리 수컷은 왕등줄실잠자리 수컷과 닮았는데, 여덟 번째 배마디에 있는 V꼴 까만 무늬가 더 작다. 하지만 이 무늬가 없기도 한데, 이때는 등줄실잠자리 수컷과 헷갈린다. 가슴 어깨에 풀빛 줄무늬가 두 줄 나 있고 아래쪽 풀빛 줄무늬가 더 짧아서 줄무늬 길이가 비슷한 등줄실잠자리와 다르다. 더 또렷이 가르려면 꽁무니에 돋은 돌기처럼 생긴 부속기를 보는데, 이 부속기가 등줄실잠자리보다 훨씬 가늘다.

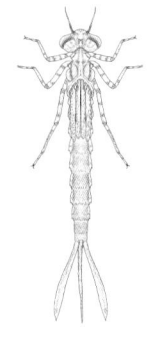

크기 28~34mm
사는 곳 들판 연못, 늪, 저수지
나오는 때 5~9월
분포 아주 흔함
겨울나기 애벌레
알 낳기 연결, 물풀 줄기
한살이 1년 1세대

왕등줄실잠자리 *Paracercion sieboldii*

×1.7

수컷

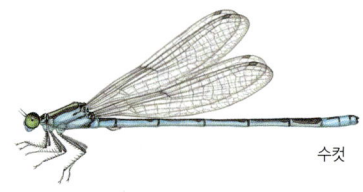

수컷

암컷

실잠자리과 등줄실잠자리속

왕등줄실잠자리는 2007년 강원도 횡성에서 처음 찾았다. 우리나라 어디서나 살지만 제주도에는 없다. 수가 적어서 아주 드물게 볼 수 있는데 요즘 들어 차츰 여러 곳에서 보인다. 산속에 있는 연못이나 저수지, 둠벙 둘레에서 산다. 5월 중순부터 9월까지 볼 수 있다. 다른 실잠자리처럼 수컷은 암컷 앞가슴을 잡고, 암컷이 물속 물풀 줄기에 알을 낳는다. 알에서 깬 애벌레는 물속에서 겨울을 나고 이듬해 5월에 날개돋이를 한다.

왕등줄실잠자리 수컷은 온몸이 파랗고 배 등 쪽에 까만 무늬가 있다. 가슴 어깨에 있는 까만 줄무늬가 갈라지지 않고 한 줄이고, 여덟 번째 배마디에 V꼴로 된 까만 무늬가 있다. 암컷은 온몸이 더 풀빛을 띠고 배 등 쪽이 까맣다.

왕등줄실잠자리와 등검은실잠자리, 왕실잠자리 수컷은 서로 닮았다. 모두 여덟 번째 배마디에 'V'꼴로 된 까만 무늬가 있다. 왕등줄실잠자리 무늬가 가장 커서 배마디 2/3쯤 된다. 등검은실잠자리와 왕실잠자리는 무늬가 배마디 크기에 1/2보다 작다. 또 왕등줄실잠자리 어깨 쪽에 풀빛 줄무늬 한 줄이 굵어서, 가늘게 두 줄로 갈라진 다른 종들과 쉽게 가를 수 있다.

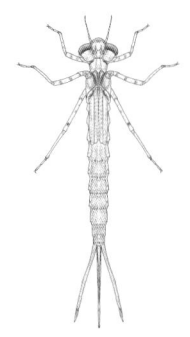

크기 30~32mm
사는 곳 산속 연못, 둠벙
나오는 때 5~9월
분포 드묾
겨울나기 애벌레
알 낳기 연결, 물풀 줄기
한살이 1년 1세대

황등색실잠자리 반달실잠자리(북) *Mortonagrion selenion*

×2.5

수컷

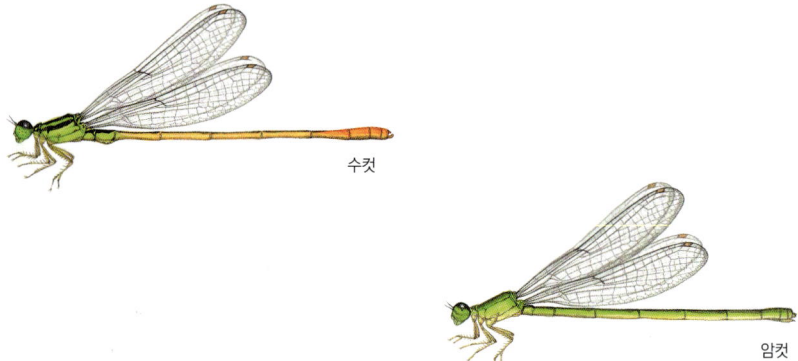

수컷

암컷

실잠자리과 황등색실잠자리속

　황등색실잠자리는 실잠자리 무리 가운데 가장 가늘고 작다. 그래서 '꼬마실잠자리' 라고도 한다. 또 수컷 배 꽁무니가 빨개서 '끝빨간실잠자리' 라고도 한다. 수컷 배는 노랗고 꽁무니로 갈수록 빨갛다. 수컷 눈 뒤에 V꼴로 된 파란 무늬가 있다. 가슴은 풀빛이다. 암컷은 아직 덜 컸을 때는 온몸이 노르스름하다가 다 크면 풀빛으로 바뀐다. 배 등 쪽은 짙은 풀빛이다.

　황등색실잠자리는 물이 안 깊고 물풀이 우거진 논두렁이나 버려진 논에서 볼 수 있다. 자기가 사는 곳을 멀리 안 떠나고 둘레를 돌아다닌다. 크기가 작고 몸빛 때문에 풀숲에 있으면 잘 안 보인다. 6월 중순부터 말까지 볼 수 있다. 날개돋이를 하면 며칠 안에 짝짓기를 하고 알을 낳고 죽기 때문에 이삼 주쯤 아주 잠깐 동안만 볼 수 있다. 암컷 혼자서 물속에 있는 물풀 줄기에 알을 낳는다. 알에서 깬 애벌레는 물속 물풀 줄기나 뿌리 쪽에 붙어산다. 겨울을 나고 이듬해 오뉴월에 날개돋이를 한다.

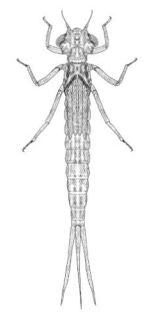

크기 20~22mm
사는 곳 묵은 논, 늪
나오는 때 6월
분포 드묾
겨울나기 애벌레
알 낳기 혼자, 물풀 줄기
한살이 1년 1세대

아시아실잠자리 아세아실잠자리(북) *Ischnura asiatica*

×1.9

수컷

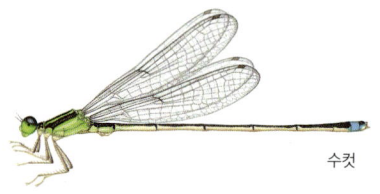

수컷

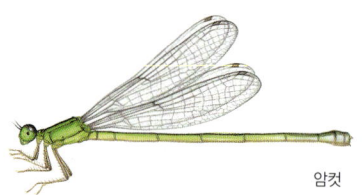

암컷

실잠자리과 아시아실잠자리속

아시아실잠자리는 물풀이 수북하게 자란 연못이나 늪, 논, 저수지, 강가 웅덩이에서 아주 흔하게 볼 수 있다. 우리나라 어느 곳에서나 산다. 다른 실잠자리보다 일찍 4월 중순부터 나와서 10월까지 날아다닌다. 짝짓기를 하면 암컷 혼자서 물속에 있는 물풀 줄기 속에 알을 낳는다. 일주일쯤 지나면 알에서 애벌레가 깨어 나온다. 애벌레는 물속 물풀 줄기에 붙어 지내다가 겨울이 지나고 이듬해 봄에 날개돋이를 한다.

아시아실잠자리 수컷 눈 뒤에는 동그랗고 파란 작은 무늬가 있다. 배는 가늘고 꽁무니 9번째 배마디만 파랗다. 암컷은 눈 뒤에 있는 무늬가 잘 나타나지 않는다. 갓 날개돋이 한 암컷은 몸빛이 빨간데 크면 풀빛으로 바뀐다. 암컷 대부분은 몸빛이 풀빛으로 바뀐 뒤에 짝짓기를 하지만 아직 덜 자라서 몸빛이 빨갈 때 짝짓기를 하기도 한다.

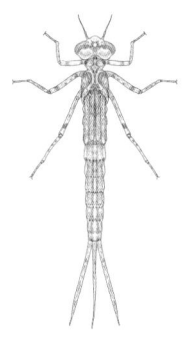

크기 24~30mm
사는 곳 들판 연못, 늪, 논
나오는 때 4~10월
분포 아주 흔함
겨울나기 애벌레
알 낳기 혼자, 물풀 줄기
한살이 1년 1세대

북방아시아실잠자리 *Ischnura elegans*

×1.6

수컷

수컷

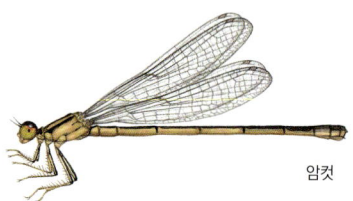

암컷

실잠자리과 아시아실잠자리속

 북방아시아실잠자리는 이름처럼 북쪽에서 흔히 볼 수 있는 잠자리다. 우리나라에서는 경기도와 강원도에서 5월 중순부터 9월까지 볼 수 있다. 날씨가 추운 중국 북부, 몽골, 시베리아, 일본 북해도에서도 산다. 물풀이 수북하게 자란 연못이나 저수지에서 사는데, 바닷가에 가까운 곳이나 섬에서 많이 볼 수 있다. 다른 실잠자리와 사는 모습이 닮았다. 다른 실잠자리를 잡아먹기도 한다. 짝짓기를 마치면 암컷 혼자서 물속 물풀 줄기 속에 알을 낳는다. 일주일쯤 지나면 알에서 애벌레가 깨어 나온다. 물속 물풀 줄기에 붙어 지내다가 겨울을 나고 이듬해 날개돋이를 한다.

 북방아시아실잠자리 수컷은 아시아실잠자리 수컷과 생김새가 닮았다. 아시아실잠자리 수컷은 아홉 번째 배마디만 파란데 북방아시아실잠자리 수컷은 여덟 번째 배마디만 파랗다. 일곱 번째와 아홉 번째 마디는 위에서 보면 까맣고, 옆에서 보면 배 아래쪽은 파랗다. 푸른아시아실잠자리 수컷은 일곱 번째 배마디 아래쪽에 파란색이 없어서 다르다.

 북방아시아실잠자리는 날씨가 따뜻해지면서 경기도와 강원도보다 더 북쪽으로 옮겨갈 것으로 내다보고 있다. 그래서 날씨가 어떻게 바뀌는지 알기 위해 쭉 지켜보고 있는 잠자리다.

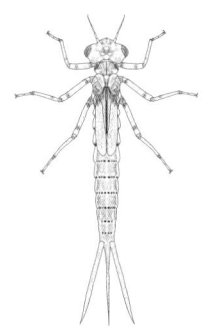

크기 32 ~ 36mm
사는 곳 바닷가 연못, 늪
나오는 때 5 ~ 9월
분포 흔함
겨울나기 애벌레
알 낳기 혼자, 물풀 줄기
한살이 1년 1세대

푸른아시아실잠자리 푸른무늬실잠자리(북)
Ischnura senegalensis

×1.7

수컷

수컷

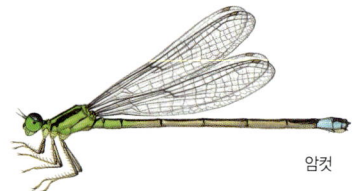

암컷

실잠자리과 아시아실잠자리속

푸른아시아실잠자리는 북방아시아실잠자리와 거꾸로 따뜻한 곳에서 산다. 우리나라 중부지방 아래쪽에서 살고, 대만과 동남아시아에서도 산다. 다른 실잠자리처럼 물풀이 수북이 자란 연못이나 저수지에 산다. 5월 중순부터 9월까지 아주 흔하게 볼 수 있다. 물 위에 뜬 물풀에 자주 내려앉는다. 짝짓기를 한 뒤 암컷 혼자서 물속 물풀 줄기 속에 알을 낳는다. 일주일쯤 지나면 알에서 애벌레가 깨어 나온다. 애벌레는 물속에서 겨울을 나고 이듬해 날개돋이를 한다.

푸른아시아실잠자리 수컷은 북방아시아실잠자리 수컷과 아주 닮았다. 푸른아시아실잠자리 수컷은 일곱 번째 배마디 밑이 파랗지가 않아서 다르다. 가슴은 파르스름한 풀빛이다. 배는 위에서 보면 까맣고 옆에서 보면 누런 풀빛이다. 여덟 번째 배마디가 파랗고 아홉 번째 배마디는 옆에서 보면 파란 무늬가 있다. 암컷은 수컷과 닮기도 하고, 온몸이 밤빛을 띠기도 한다. 갓 날개돋이 한 암컷은 몸빛이 빨갛고 여덟 번째 배마디에 파란 무늬가 없다.

푸른아시아실잠자리는 지금까지 중부지방 아래에서 많이 살고 있지만 차츰 더 위쪽인 경기도와 강원도에서도 드물게 보이고 있다. 날씨가 더 따뜻해지면 경기도와 강원도에서도 흔하게 볼 수 있을 것 같다.

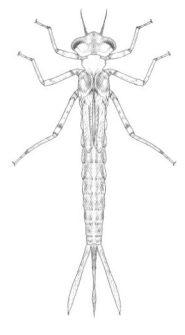

크기 32~36mm
사는 곳 들판 연못, 저수지
나오는 때 5~9월
분포 아주 흔함
겨울나기 애벌레
알 낳기 혼자, 물풀 줄기
한살이 1년 1세대

작은실잠자리 *Aciagrion migratum*

×1.4

수컷

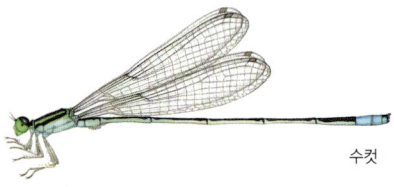

수컷

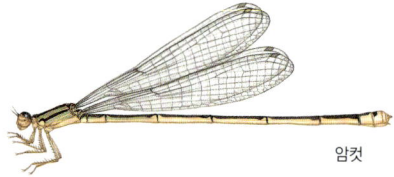

암컷

실잠자리과 작은실잠자리속

작은실잠자리는 제주도에서만 아주 드물게 볼 수 있는 잠자리다. 여름에는 온몸이 파랗고 겨울에는 밤빛을 띤다. 머리 뒤 양쪽에 있는 파란 물방울무늬가 가느다란 줄무늬로 서로 이어진다. 8~10번째 배마디가 파랗다.

작은실잠자리는 물풀이 수북이 자란 들판 연못이나 저수지, 늪에 산다. 다른 잠자리와 달리 어른인 채 겨울을 나고 봄이 되면 짝짓기를 한다. 겨울을 난 어른 몸빛은 짙은 밤색이다. 봄에 되면 암컷과 수컷 모두 파란빛으로 바뀌고, 물가 둘레를 돌아다니면서 짝짓기를 한다. 짝짓기를 마치면 수컷은 암컷 앞가슴을 잡고, 암컷은 물속 물풀 줄기 속에 알을 낳는다. 알에서 깬 애벌레는 여름이면 물 밖으로 나와 날개돋이를 한다. 7월부터 이듬해 봄까지 볼 수 있다.

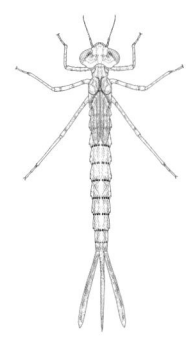

크기 36~38mm
사는 곳 들판 연못
나오는 때 7~이듬해 봄
분포 아주 드묾
겨울나기 어른벌레
알 낳기 연결, 물풀 줄기
한살이 1년 1세대

노란실잠자리 참노란실잠자리(북) *Ceriagrion melanurum*

×1.3

수컷

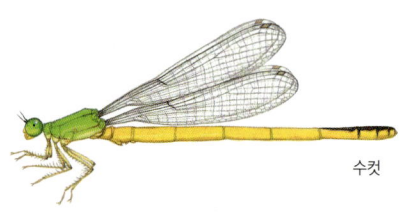

수컷

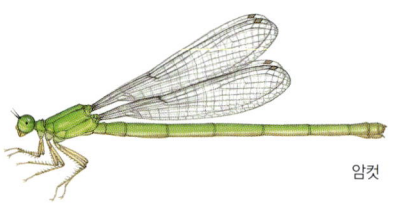

암컷

실잠자리과 노란실잠자리속

　노란실잠자리는 이름처럼 온몸이 노랗다. 덜 컸을 때는 암컷과 수컷 모두 온몸이 노랗다. 다 크면 수컷은 가슴만 풀빛으로 바뀌고 암컷은 온몸이 풀빛으로 바뀐다. 또 수컷은 7~10번째 배마디 위쪽에 까만 무늬가 있는데 암컷은 없다.
　노란실잠자리는 물풀이 수북이 자란 연못이나 둠벙, 늪에 산다. 제주도를 포함해서 온 나라에서 산다. 6월부터 흔하게 볼 수 있다. 수컷은 자기 사는 곳 둘레 풀숲을 낮게 날아다니는데, 날갯짓할 때마다 몸이 위아래로 들썩들썩 움직인다. 풀이 우거져도 그 사이사이로 잘 날아다닌다. 다른 수컷이 들어와도 자리 다툼을 심하게 안 한다. 암컷은 물가에서 조금 떨어진 나무숲에서 산다. 짝짓기 때가 되면 물가에서 암컷과 수컷이 서로 붙어 짝짓기를 하고, 서로 이어진 채 암컷이 물속 물풀 줄기 속에 알을 낳는다. 알에서 깬 애벌레는 겨울을 나고, 이듬해 6월에 날개돋이를 한다.

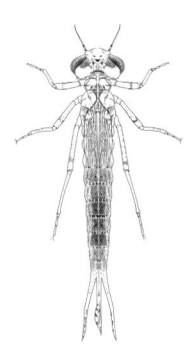

크기 38~42mm
사는 곳 들판 연못, 둠벙, 늪
나오는 때 6~9월
분포 흔함
겨울나기 애벌레
알 낳기 연결, 물풀 줄기
한살이 1년 1세대

새노란실잠자리 *Ceriagrion auranticum*

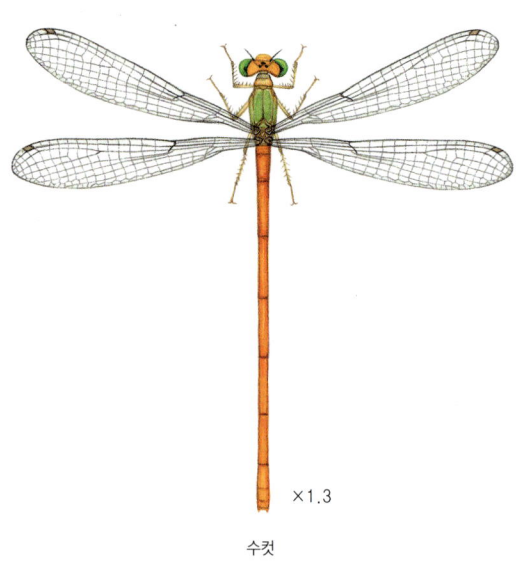

×1.3

수컷

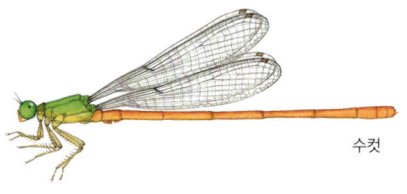

수컷

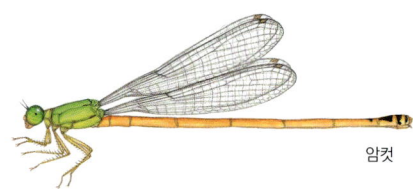

암컷

실잠자리과 노란실잠자리속

새노란실잠자리는 배가 빨갛다. 연분홍실잠자리와 닮았다. 연분홍실잠자리 수컷은 눈과 가슴이 다 빨간데, 새노란실잠자리 수컷은 눈과 가슴이 풀빛이다. 새노란실잠자리 암컷은 배 꽁무니에 까만 점무늬가 있는데, 연분홍실잠자리 암컷은 아무 무늬도 없다.

새노란실잠자리는 제주도에서 사는데, 요즘에는 전남 여수처럼 남쪽 바닷가 연못이나 늪에서도 볼 수 있다. 5월에 날개돋이 해서 10월까지 날아다닌다. 물풀이 수북이 자란 연못이나 둠벙에서 산다. 암컷이나 수컷 모두 물가 둘레에 자란 물풀에 자주 앉는다. 짝짓기 할 때는 풀숲에 들어간다. 수컷이 암컷 앞가슴을 잡고 곧추서고 암컷은 꽁무니를 물속에 넣고 물풀 줄기 속에 알을 낳는다. 일주일쯤 지나면 알에서 애벌레가 깨어 나온다. 애벌레는 물풀에 붙어 지내다가 겨울을 나고 이듬해 5월부터 날개돋이를 한다.

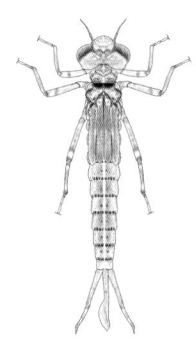

크기 38~40mm
사는 곳 들판 연못, 늪, 묵은 논
나오는 때 5~10월
분포 제법 흔함
겨울나기 애벌레
알 낳기 연결, 물풀 줄기
한살이 1년 1세대

연분홍실잠자리 *Ceriagrion nipponicum*

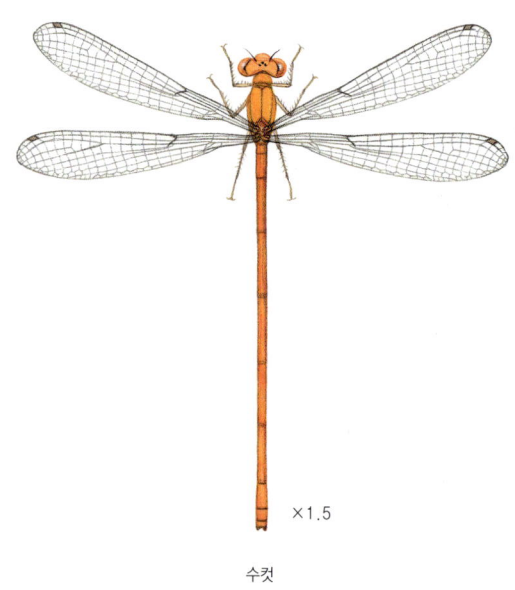

×1.5

수컷

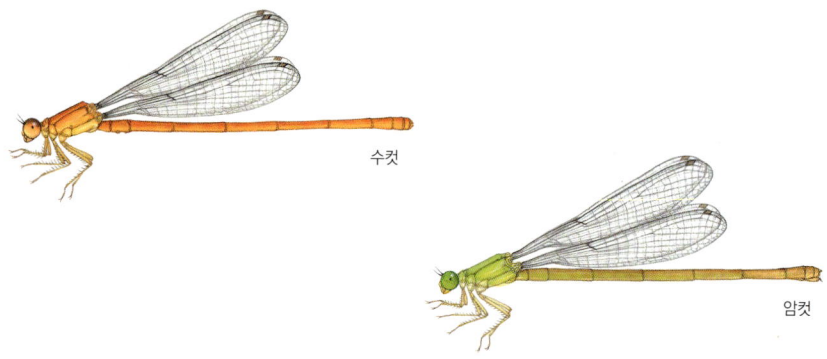

수컷

암컷

실잠자리과 노란실잠자리속

연분홍실잠자리는 아직 덜 자랐을 때는 겹눈이 연한 풀빛이지만 다 자라면 빨갛게 바뀐다. 수컷은 온몸이 빨갛고, 암컷은 연한 밤빛을 띤다. 암컷은 새노란실잠자리 암컷과 달리 꽁무니에 까만 무늬가 없다. 연분홍실잠자리 수컷은 눈과 가슴이 다 빨간데, 새노란실잠자리 수컷은 눈과 가슴이 풀빛이다.

연분홍실잠자리는 남부 지방에서 흔히 볼 수 있고 중부지방에서는 가끔 본다. 6월에 날개돋이 해서 9월까지 날아다닌다. 물풀이 우거진 연못이나 늪에 산다. 수컷은 물가 풀숲 사이를 날아다니며 자기 사는 곳에 다른 수컷이 못 들어오게 지킨다. 그러다 암컷을 만나면 풀 줄기에 앉아 짝짓기를 한다. 짝짓기를 마치면 수컷이 암컷 앞가슴을 꽁무니로 잡아 곧추서고, 암컷은 물낯에 뜬 물풀에 앉아 꽁무니를 물속에 넣고 물풀 줄기 속에 알을 낳는다. 일주일쯤 지나면 알에서 애벌레가 깨어 나온다. 애벌레는 물속 물풀 줄기에 붙어 지내면서 겨울을 나고 이듬해 6월에 날개돋이를 한다.

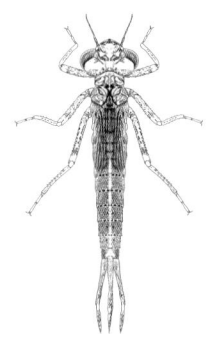

크기 36~38mm
사는 곳 들판 연못, 늪
나오는 때 6~9월
분포 제법 흔함
겨울나기 애벌레
알 낳기 연결, 물풀 줄기
한살이 1년 1세대

방울실잠자리 부채실잠자리(북) *Platycnemis phyllopoda*

×1.4

수컷

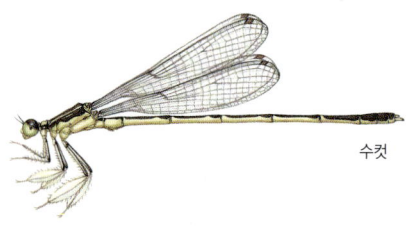

수컷

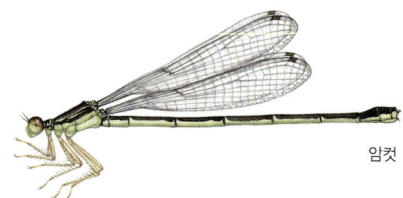

암컷

방울실잠자리과 방울실잠자리속

방울실잠자리는 제법 넓은 연못이나 저수지, 강 둘레 물이 고인 곳에서 산다. 우리나라 어디에서나 흔하게 볼 수 있다. 6월에 날개돋이 해서 9~10월까지 날아다닌다.

방울실잠자리 수컷은 가운뎃다리와 뒷다리 종아리마디가 하얀 방패처럼 부풀어 올랐다. 암컷은 없다. 위에서 보면 몸이 까맣고, 옆에서 보면 수컷은 밤빛이고 암컷은 연한 풀빛이 돈다. 등가슴 어깨에 까만 줄무늬가 두 줄 있고, 머리 폭이 넓으며, 눈은 까맣고 눈 뒤쪽에 한 줄로 된 줄무늬가 있다.

방울실잠자리 수컷은 자기 사는 둘레 풀숲을 오가며 다른 수컷이 오면 방패 모양 다리를 흔들며 다툰다. 그리고 암컷이 오면 풀숲 속에 들어가 짝짓기를 한다. 짝짓기가 끝나면 수컷은 암컷 앞가슴을 붙잡고 암컷이 알을 다 낳을 때까지 놓아주지 않는다. 암컷은 배 꽁무니를 물속에 집어넣고 물풀 줄기 속에 알을 낳는다. 알에서 깬 애벌레는 물속 물풀 뿌리에 붙어 지내다가 겨울을 나고 이듬해 6월에 물 밖으로 나와 날개돋이를 한다.

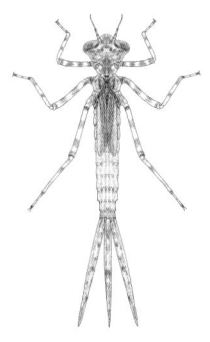

크기 38~40mm
사는 곳 들판 연못, 강
나오는 때 6~10월
분포 아주 흔함
겨울나기 애벌레
알 낳기 연결, 물풀 줄기
한살이 1년 1세대

자실잠자리 *Copera annulata*

×1.3

수컷

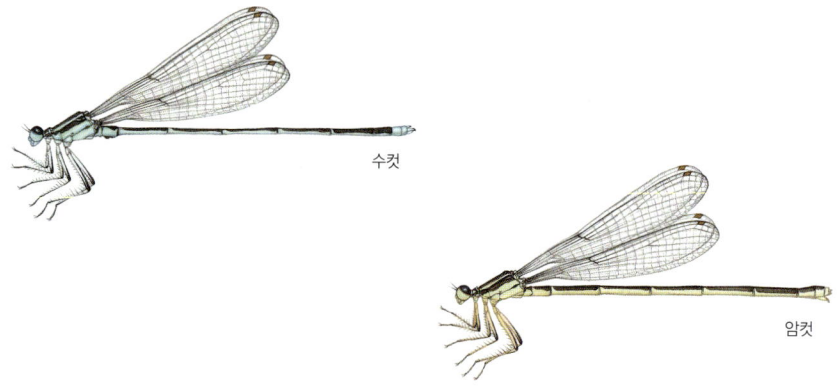

수컷

암컷

자실잠자리는 강 중류와 하류 둘레 물풀이 우거진 고인 물에서 많이 산다. 중부와 남부 지방 몇몇 곳에서만 드물게 볼 수 있다. 5월 말부터 9월까지 날아다닌다.

자실잠자리 두 눈은 까맣고 툭 불거져 멀리 떨어져 있다. 암컷과 수컷 모두 등가슴과 배 위쪽은 까맣다. 수컷은 가슴과 배가 파랗고 어깨에 까만 줄무늬가 양쪽으로 한 줄씩 나 있다. 다리도 파란빛이 돈다. 또 9~10번째 배마디가 파랗다. 큰자실잠자리는 10번째 마디만 파랗다. 수컷 등가슴 줄무늬는 다 커도 없어지지 않는다. 암컷 배는 누렇다. 암수 모두 큰자실잠자리보다 등가슴 어깨에 있는 까만 줄무늬가 더 굵다.

자실잠자리 수컷은 자기 사는 곳 둘레 풀숲에서 지낸다. 물 가장자리 물풀 줄기를 왔다 갔다 날아다니며 다른 수컷이 못 들어오게 쫓는다. 암컷을 만나면 십 분쯤 짝짓기를 한다. 짝짓기가 끝나면 다른 실잠자리처럼 수컷이 암컷 앞가슴을 붙잡고 곤추선다. 암컷은 배 꽁무니를 물속에 집어넣고 물풀 줄기 속에 알을 낳는다. 알에서 깬 애벌레는 물속 물풀 줄기에 붙어 지낸다. 겨울이 지나고 이듬해 5월 말에 물 밖으로 나와 날개돋이를 한다.

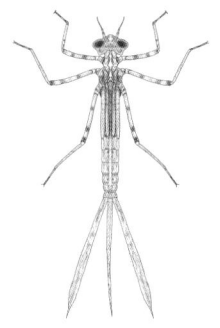

크기 44~48mm
사는 곳 들판 연못, 늪
나오는 때 5~9월
분포 드묾
겨울나기 애벌레
알 낳기 연결, 물풀 줄기
한살이 1년 1세대

큰자실잠자리 *Copera tokyoensis*

×1.4

수컷

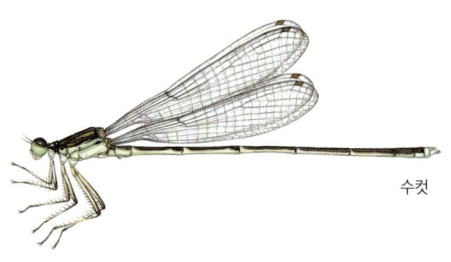

수컷

암컷

방울실잠자리과 자실잠자리속

큰자실잠자리는 자실잠자리보다 몸집이 더 크다. 가슴 어깨에 있는 줄무늬가 가늘어서 등가슴이 온통 까맣게 보인다. 수컷은 자실잠자리 수컷과 달리 9번째 배마디까지 까맣다. 또 아래쪽이 풀빛을 띠어서 파란빛을 띠는 자실잠자리 수컷과 다르다. 암컷은 10번째 배마디 위쪽까지 까만 무늬가 있고 다리가 빨개서 자실잠자리 암컷과 다르다.

큰자실잠자리는 들판에 있는 늪이나 둠벙, 연못에 산다. 서울과 경기, 전북 군산처럼 중부와 남부 지방에서 드물게 볼 수 있다. 5월에 날개돋이 해서 8월까지 날아다닌다. 실잠자리 가운데 몸집이 큰데, 날개는 몸집에 견주어 작은 편이다. 물가 둘레에 자란 수풀을 낮게 날아다니며 먹이를 잡아먹는다. 그러다가 물가 둘레 풀 위에 앉아 다른 수컷이 들어오는지 살핀다. 짝짓기를 마치면 암수가 이어진 채 알을 낳으러 돌아다닌다. 수컷은 암컷 앞가슴을 부여잡고 똑바로 곤추선다. 암컷은 배 꽁무니를 물속에 넣고 물풀 줄기에 알을 낳는다. 일주일쯤 지나면 알에서 애벌레가 깨어 나온다. 애벌레는 물풀 줄기에 붙어 지내다가 이듬해 5월 말쯤 물 밖으로 나와 날개돋이를 한다.

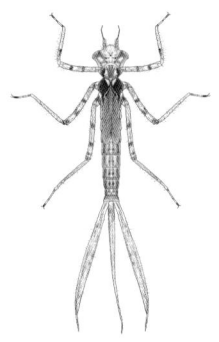

크기 46~50mm
사는 곳 들판 연못
나오는 때 5~8월
분포 드묾
겨울나기 애벌레
알 낳기 연결, 물풀 줄기
한살이 1년 1세대

좀청실잠자리 작은날개파란실잠자리(북) *Lestes japonicus*

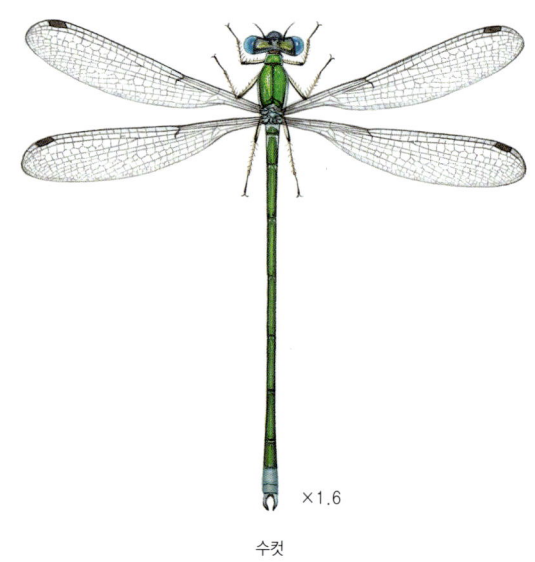

×1.6

수컷

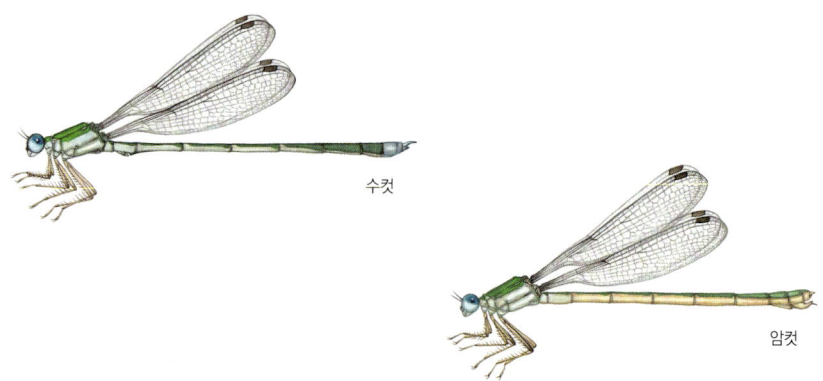

수컷

암컷

청실잠자리과 청실잠자리속

좀청실잠자리는 암컷과 수컷 눈이 모두 파랗다. 온몸은 쇠붙이처럼 반짝이는 풀빛이다. 수컷 등가슴은 짙은 풀빛이고 줄무늬가 없다. 옆가슴은 밝은 잿빛이 돈다. 9~10번째 배마디는 푸르스름한 잿빛이다. 큰청실잠자리는 10번째 마디만 잿빛이어서 다르다. 암컷은 갓 날개돋이 했을 때는 가슴이 연한 붉은빛이다. 등가슴에 아주 가는 어깨선이 나타나고 10번째 배마디는 잿빛이다.

좀청실잠자리는 들판에 물풀이 수북이 자란 연못이나 늪, 저수지에서 산다. 물가 둘레에 자란 풀숲 그늘에 잘 붙어 있다. 다른 실잠자리와 달리 내려앉을 때 날개를 접지 않고 활짝 편다. 경기 북부와 서울, 남부 지방에서 드물게 볼 수 있다. 6월 중순에 날개돋이 해서 10월까지 날아다닌다. 짝짓기를 마치면 수컷과 암컷이 서로 이어진 채 알을 낳는다. 암컷이 물 밖으로 나온 부들이나 갈대 줄기 속에 산란관을 찔러 넣고 알을 낳는다. 알로 겨울을 나고 이듬해 봄에 애벌레가 깨어나온다. 애벌레는 물속에서 살다가 6월 중순부터 물 밖으로 나와 날개돋이를 한다.

크기 36~40mm
사는 곳 들판 연못, 늪, 저수지
나오는 때 6~10월
분포 드묾
겨울나기 알
알 낳기 연결, 물풀 줄기
한살이 1년 1세대

큰청실잠자리 *Lestes temporalis*

×1.5

수컷

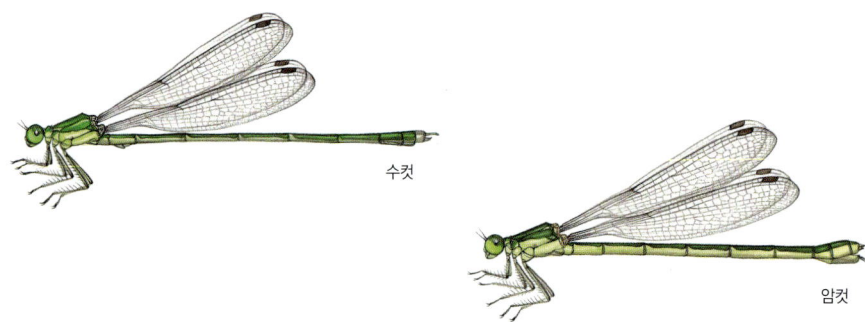

수컷

암컷

청실잠자리과 청실잠자리속

큰청실잠자리는 좀청실잠자리와 닮았지만 몸이 더 크다. 또 눈이 파랗지 않고 풀빛이다. 등가슴이 짙은 풀빛이고 옆가슴 아래쪽은 연한 풀빛이다. 수컷 배마디는 풀빛이지만 10번째 배마디만 잿빛이다. 암컷은 온 배마디가 풀빛이다.

큰청실잠자리는 산속에 있는 연못이나 늪에 살고 높은 산에도 산다. 좀청실잠자리와 달리 숲이 우거진 곳에 많다. 6월 중순부터 10월까지 흔하게 볼 수 있다. 경기도와 강원도에서 많이 볼 수 있고 2005년에는 경남 진주에서도 사는 모습을 찾았다.

큰청실잠자리는 다른 잠자리와 달리 알을 물속에 안 낳고 나무줄기 속에 낳는다. 9월쯤에 수컷과 암컷이 짝짓기를 하면 서로 이어진 채로 암컷이 물가에 자라는 나무껍질 속에 알을 낳는다. 알은 나무껍질 속에서 겨울을 나고 이듬해 봄에 애벌레가 깨어 나온다. 애벌레는 나무껍질을 뚫고 나와 물이나 땅에 떨어진다. 땅에 떨어진 애벌레는 비가 내려 물이 많아질 때까지 기다렸다가 물속에 들어간다. 애벌레는 물속에서 물풀 줄기에 붙어 석 달쯤 살다가 6월부터 물 밖으로 나와 날개돋이를 한다. 큰청실잠자리도 좀청실잠자리처럼 다른 실잠자리와 달리 날개를 펴고 내려앉는다.

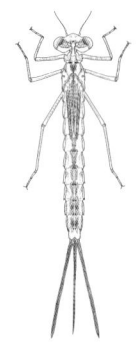

크기 42~46mm
사는 곳 산속 연못, 늪
나오는 때 6~10월
분포 제법 흔함
겨울나기 알
알 낳기 연결, 나무껍질
한살이 1년 1세대

묵은실잠자리 *Sympecma paedisca*

×1.4

수컷

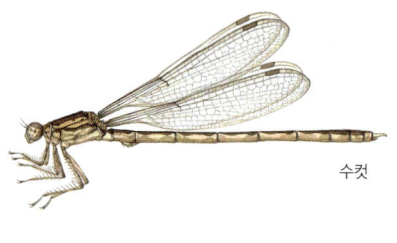

수컷

암컷

청실잠자리과 묵은실잠자리속

묵은실잠자리는 암수 모두 밤색이다. 등가슴 어깨 쪽에 밝은 밤색 무늬가 나타나고 그 가운데로 짙은 밤색 줄무늬가 가늘게 나타난다. 배 위쪽에는 짙은 밤빛 무늬가 있다.

묵은실잠자리는 산속이나 들판에 물풀이 수북이 자란 연못이나 늪, 저수지, 논에서 많이 산다. 우리나라 어디서나 흔히 볼 수 있다. 다른 실잠자리와 달리 어른인 채로 겨울을 난다. 겨울에는 햇볕이 잘 들고 바닥이 축축한 마른 풀 줄기 밑에 붙은 채 아무 것도 안 먹고 꼼짝 않고 지낸다. 12월부터 이듬해 2~3월쯤까지 겨울잠을 잔다. 2월 말쯤 되어 기온이 15도보다 높아지면 날아다니며 먹이를 잡아먹는다. 5월이 되면 짝짓기를 하고 암컷과 수컷이 서로 이어진 채 암컷이 물에 자란 풀 줄기 속에 알을 낳는다. 가끔 암컷 혼자서 알을 낳기도 한다. 이주일쯤 지나면 알에서 애벌레가 깨어 나온다. 알에서 깬 애벌레는 물속에서 두 달쯤 지내고 7월 말부터 물 밖으로 나와 날개돋이를 한다. 암컷과 수컷 모두 몸빛이 밝은 밤빛을 띠어서 숲 속 마른 가지에 붙어 있으면 눈에 잘 안 띈다.

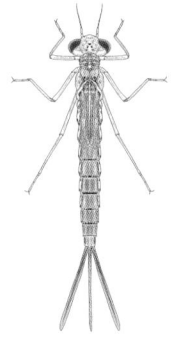

크기 34~38mm
사는 곳 산과 들, 연못, 늪, 저수지
나오는 때 7~이듬해 5월
분포 아주 흔함
겨울나기 어른벌레
알 낳기 연결 또는 혼자, 물풀 줄기
한살이 1년 1세대

가는실잠자리 *Indolestes peregrinus*

×1.5

수컷

수컷

암컷

청실잠자리과 가는실잠자리속

가는실잠자리는 산속에 물풀이 많이 자란 작은 웅덩이나 논, 늪에 산다. 우리나라 어디에서나 흔히 볼 수 있다. 묵은실잠자리와 작은실잠자리처럼 어른인 채로 겨울을 난다. 볕이 잘 드는 나뭇가지에 마치 나뭇가지처럼 직각으로 가슴과 배를 곧추세우고 꼼짝 않고 앉아 겨울을 난다. 겨울에 눈이 와도 그대로 맞으며 꼼짝 않고 있다가 날씨가 따뜻해지면 날아다니면서 하루살이나 날파리 같은 작은 날벌레를 잡아먹는다.

겨울을 날 때는 암컷과 수컷 모두 연한 밤빛이지만 4월 말부터 몸빛이 파랗게 바뀌면서 짝을 찾는다. 등가슴 위쪽은 검은 밤빛이고 어깨 쪽에 밤빛 점무늬가 떨어져 있다. 암수 모두 배가 파랗고 까만 점무늬가 있다. 5월에 짝짓기를 하고 암컷과 수컷이 서로 이어진 채 날아다니다가 암컷이 물에서 자라는 벼 같은 풀 줄기 속에 알을 낳는다. 5월 말이 지나면 암컷 혼자 알을 낳기도 한다. 일주일쯤 뒤에 애벌레가 깨어 나와 물속으로 들어간다. 물속에서 두세 달 지내고 7월 중순부터 물 밖으로 나와 날개돋이를 한다. 11월 초까지 낮은 산 나뭇가지에 앉아 있는 모습을 볼 수 있다. 하지만 12월~2월까지는 겨울을 나기 위해 숨기 때문에 쉽게 찾을 수 없다.

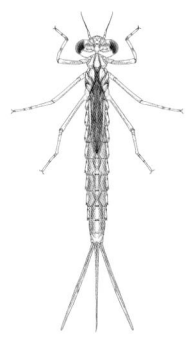

크기 34~38mm
사는 곳 산속 연못, 늪
나오는 때 7~이듬해 5월
분포 제법 흔함
겨울나기 어른벌레
알 낳기 연결 또는 혼자, 풀 줄기 속
한살이 1년 1세대

별박이왕잠자리 별무늬왕잠자리(북) *Aeshna juncea*

×1
수컷

수컷

암컷

왕잠자리과 별박이왕잠자리속

별박이왕잠자리는 까만 배에 파란색과 노랗고 풀빛이 나는 점무늬가 박혀 있다. 별박이왕잠자리는 첫 번째 배마디 옆쪽에 노란 줄무늬가 있고, 참별박이왕잠자리는 노란 줄무늬가 없다. 암수 모두 등가슴에 밝은 노란 줄무늬가 마주 있다. 가슴 옆에는 밝은 노란 줄무늬가 두 줄 있다. 수컷 배 등 쪽에 있는 노란 점무늬는 사는 곳에 따라 9번째 배마디나 10번째 배마디까지 나타난다.

별박이왕잠자리는 높은 산속에 차가운 물이 흐르는 골짜기 옆 연못이나 웅덩이에서 산다. 강원도와 경기도 위쪽인 중부와 북부 지방에서 산다. 남쪽 지방에서는 잘 볼 수 없다. 7월부터 10월 초까지 날아다닌다.

별박이왕잠자리 수컷은 자기가 사는 웅덩이 한가운데에서 제자리 날며 다른 수컷이 못 들어오게 지킨다. 그러다가 웅덩이 가장자리를 돌아다니며 암컷을 찾기도 한다. 풀 줄기에 앉아 쉬다가도 알을 낳고 있는 암컷이 있으면 짝짓기 하려고 달려든다. 짝짓기를 마친 암컷은 혼자 물풀 줄기에 알을 낳는다. 가끔 수컷과 이어진 채 알을 낳기도 한다. 알은 그대로 겨울을 나고 이듬해 봄에 애벌레가 깨어 나온다. 애벌레는 물속에서 겨울을 나고 그 이듬해 7월부터 물 밖에 나와 날개돋이를 한다.

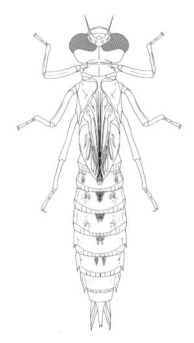

크기 65~75mm
사는 곳 산속 연못, 웅덩이
나오는 때 7~10월
분포 제법 드묾
겨울나기 알, 애벌레
알 낳기 혼자 또는 연결, 물풀 줄기
한살이 2년 1세대

애별박이왕잠자리 줄별잠자리(북), 얼룩왕잠자리(북) *Aeshna n*

×1

수컷

수컷

암컷

왕잠자리과 별박이왕잠자리속

애별박이왕잠자리는 왕잠자리과 무리 가운데 가장 작다. 수컷은 겹눈이 파랗다. 등가슴은 밤색이고 옆가슴에 노르스름한 풀빛 줄무늬가 두 줄 있다. 배는 까만 밤빛이고 파란 점무늬가 마디마다 나 있다. 앞다리 뿌리 쪽에 작은 풀빛 점무늬가 있다. 암컷은 가슴과 배에 밤빛이 돌고 풀빛 무늬가 있다. 때때로 겹눈과 배마디 반점에 수컷처럼 파란색이 돌기도 한다.

애별박이왕잠자리는 들판에 갈대 같은 물풀이 우거진 연못이나 늪에서 산다. 일산, 파주, 시흥, 영종도 같은 경기도 지역에서 드물게 볼 수 있다. 별박이왕잠자리처럼 연못 둘레 풀숲을 1~2m 높이로 날아다니며 작은 날벌레를 잡아먹는다. 해거름에 많이 날아다닌다. 다른 수컷을 쫓아내고 암컷을 찾으러 연못 둘레를 왔다 갔다 날아다니다가 연못 한가운데에 딱 멈춰 제자리에서 난다. 가을에 짝짓기를 마친 암컷은 혼자서 물속 물풀 줄기에 알을 낳는다. 알은 그대로 겨울을 나고 이듬해 봄에 애벌레가 깨어 나온다. 애벌레는 물속에서 지내다가 8월에 물 밖으로 나와 날개돋이를 한다. 갓 날개돋이 한 잠자리는 둘레에 있는 낮은 산이나 숲으로 날아가 지낸다. 짝짓기 때가 되면 물가로 되돌아온다.

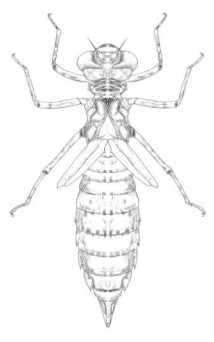

크기 54~56mm
사는 곳 들판 연못, 늪
나오는 때 8~10월
분포 드묾
겨울나기 알
알 낳기 혼자, 물풀 줄기
한살이 1년 1세대

참별박이왕잠자리 얼룩왕잠자리(북) *Aeshna crenata*

왕잠자리과 별박이왕잠자리속

참별박이왕잠자리는 별박이왕잠자리와 닮았지만, 첫 번째 배마디 옆쪽에 노란 점무늬가 없다. 다 자란 수컷은 짙은 까만 밤색이고 암컷은 수컷보다 더 밝은 밤색이지만 수컷과 몸빛이 똑같은 암컷도 있다. 등가슴과 옆가슴에 풀빛이 도는 노란 줄무늬가 있다. 별박이왕잠자리 무리 가운데 몸집이 가장 크다.

참별박이왕잠자리는 산속이나 산과 잇닿은 작은 연못이나 웅덩이, 늪, 저수지에 산다. 경기도와 강원도, 경상북도, 충청도에서 흔하게 볼 수 있고, 지리산과 한라산 높은 곳에서도 볼 수 있다. 6~7월에 날개돋이 해서 10월까지 날아다닌다.

참별박이왕잠자리 수컷은 연못 가장자리를 돌아다니며 자기 사는 곳을 지킨다. 그러다가 다른 수컷이 날아오면 서로 싸우며 숲으로 날아갔다 되돌아오길 되풀이한다. 짝짓기를 마친 암컷은 혼자서 알을 낳는다. 배 꽁무니를 둥그렇게 휘어 물속에 집어넣고, 물속에 잠긴 물풀 줄기 속에 알을 낳는다. 알은 그대로 겨울을 나고 이듬해 봄이 되어야 애벌레가 깨어 나온다. 애벌레는 물속에서 한 해를 지내고 다시 겨울을 난 뒤 이듬해 6~7월에 물 밖으로 나와 날개돋이를 한다.

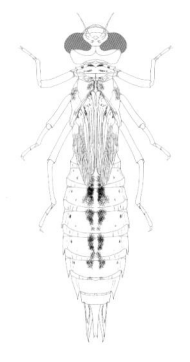

크기 80~88mm
사는 곳 산속 연못, 웅덩이, 늪, 저수지
나오는 때 6~10월
분포 흔함
겨울나기 알, 애벌레
알 낳기 혼자, 물풀 줄기
한살이 2년 1세대

남방왕잠자리 *Anax guttatus*

×0.8
수컷

수컷

암컷

왕잠자리과 왕잠자리속

　남방왕잠자리는 동남아시아와 중국 남부 지방에서 사는데, 봄에 바람을 타고 우리나라로 날아온다. 예전에는 제주도에서만 아주 드물게 볼 수 있었는데, 지금은 대구와 청주, 인천에서도 가끔 볼 수 있다.

　남방왕잠자리는 왕잠자리랑 닮았는데 몸집이 더 크다. 남방왕잠자리는 옆에서 보면 배에 둥그런 무늬가 있고, 왕잠자리는 네모난 무늬가 있어서 서로 다르다. 또 남방왕잠자리 이마에는 까만 띠무늬가 없고, 왕잠자리 이마에는 까만 띠무늬가 있다. 암컷과 수컷 모두 옆가슴에 특별한 무늬가 없고 풀빛이다. 겹눈도 풀빛이다. 배마디 처음은 파랗고 나머지는 까맣다.

　남방왕잠자리 사는 모습은 왕잠자리랑 닮았다. 수컷은 연못이나 저수지 가장자리에서 왔다 갔다 날며 다른 수컷이 못 들어오게 지킨다. 다른 왕잠자리나 먹줄왕잠자리보다 빠르게 날아다닌다. 봄에 날아온 몇몇 남방왕잠자리는 짝짓기를 하고 알을 낳는다. 수컷과 암컷이 서로 이어진 채 날며 알을 낳거나 암컷 혼자 물풀 줄기 속에 알을 낳는다. 두 주쯤 지나면 알에서 애벌레가 깨어 나오고, 8월 말에 물 밖으로 나와 날개돋이 한다. 하지만 여름이 지나 늦게 낳은 알에서 깬 애벌레는 추위에 아주 약해서 겨울을 못 넘기고 죽는다.

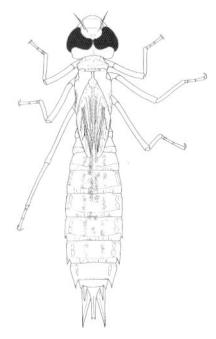

크기 80~85mm
사는 곳 들판 연못, 저수지
나오는 때 5~9월
분포 아주 드묾
겨울나기 겨울 못 남
알 낳기 연결 또는 혼자, 물풀 줄기
한살이 1년 1세대

왕잠자리 은왕잠자리(북) *Anax parthenope julius*

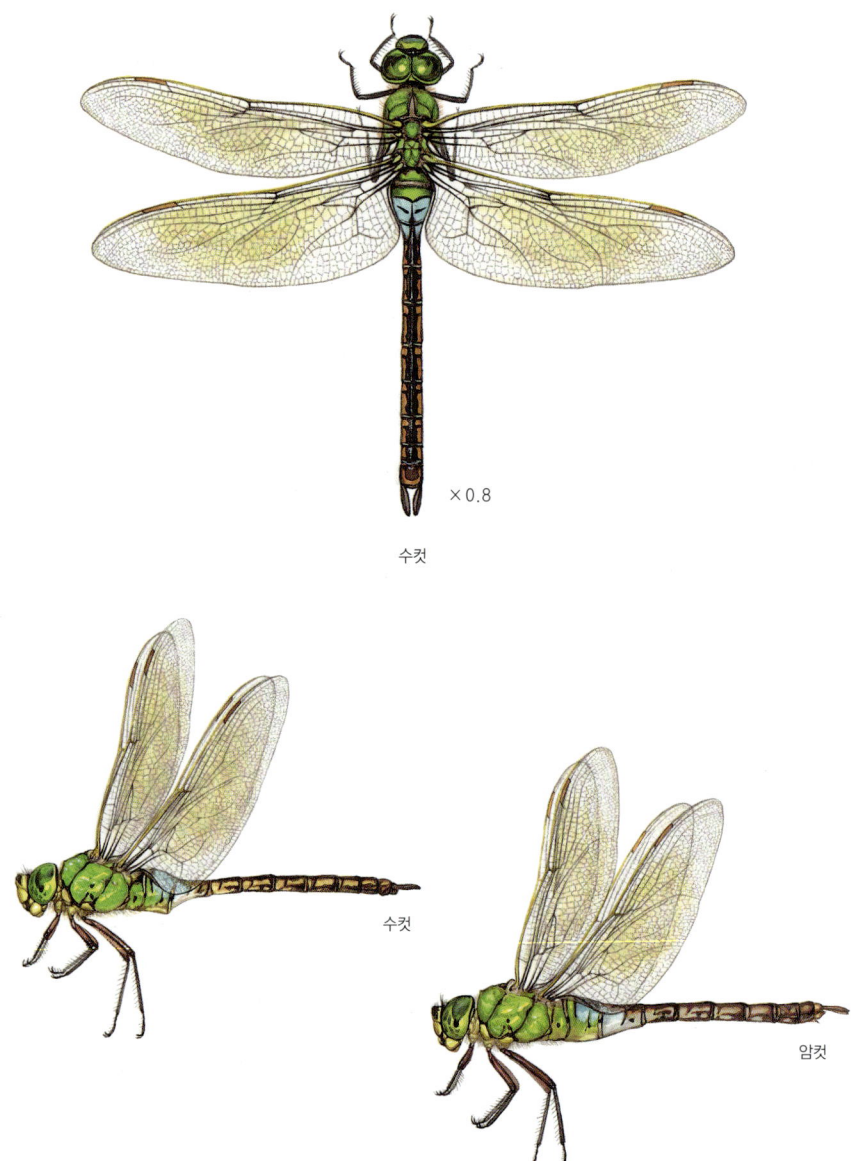

×0.8

수컷

수컷

암컷

왕잠자리과 왕잠자리속

왕잠자리는 어디에서나 흔하게 볼 수 있다. 남쪽 한라산부터 북쪽 백두산까지 두루 산다. 4월 말부터 10월까지 볼 수 있다. 탁 트인 연못이나 너른 저수지, 강에서도 산다.

왕잠자리는 겹눈과 가슴이 풀색이고 옆가슴에 줄무늬가 없다. 배는 밤색 바탕에 누르스름한 네모꼴 무늬가 있다. 수컷은 1~3번째 배마디 등 쪽이 파랗고 암컷은 풀색을 띤다.

왕잠자리 수컷은 물가 둘레에서 왔다 갔다 날아다니며 자기가 사는 곳을 지킨다. 아이들이 암컷을 잡아 가슴에 실을 묶어 날리면 수컷이 짝짓기하려고 달려든다. 암컷 대신 수컷을 잡아 호박잎을 찧어 수컷 1~3번째 배마디를 풀빛으로 색칠해서 날리면 암컷인 줄 알고 다른 수컷이 달려들기도 한다. 짝짓기를 마친 암컷은 연못이나 저수지 가운데에서 꽁무니를 물속에 집어넣고 물풀 줄기 속에 알을 낳는다. 혼자 낳기도 하고 수컷과 이어진 채 함께 날아다니며 낳기도 한다. 이 주일이면 알에서 애벌레가 깨어 나온다. 애벌레는 맑은 물부터 더러운 물까지 두루 잘 산다. 애벌레로 겨울을 나고 이듬해 봄부터 물 밖으로 나와 날개돋이를 한다. 가끔 이른 봄에 알을 낳으면 같은 해 8월에 날개돋이 해서 가을에 또 알을 낳기도 한다.

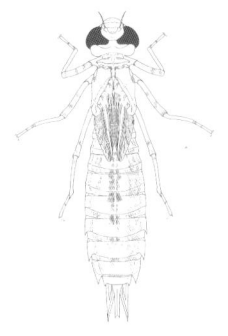

크기 70~75mm
사는 곳 들판 연못, 저수지
나오는 때 4~10월
분포 아주 흔함
겨울나기 애벌레
알 낳기 혼자 또는 연결, 물풀 줄기
한살이 1년 1세대

먹줄왕잠자리 검은줄은잠자리(북) *Anax nigrofasciatus*

왕잠자리과 왕잠자리속

먹줄왕잠자리는 왕잠자리와 닮았지만 옆가슴에 까만 두 줄이 더 굵고 또렷해서 이런 이름이 붙었다. 왕잠자리는 들판에 있는 탁 트인 연못에서 살고, 먹줄왕잠자리는 산과 이어지고 둘레에 숲이 있는 작은 연못이나 저수지에 산다. 수컷 배마디에는 참별박이왕잠자리처럼 까만 밤색 바탕에 파란 점무늬가 있다. 암컷 가슴은 풀빛이 도는 노란색이다. 배마디는 밤색이고 노란 점무늬가 있다.

먹줄왕잠자리는 우리나라 어디서나 흔하게 볼 수 있다. 4월 말부터 날개돋이 해서 8월까지 날아다닌다. 수컷은 물가 가장자리에서 1~2m 높이로 빠르게 난다. 둘레를 왔다 갔다 날면서 자기가 사는 곳을 지키고 암컷을 찾는다. 5월부터 짝짓기를 하고, 짝짓기를 마친 암컷은 혼자서 물속에 꽁무니를 집어넣고 물풀 줄기 속에 알을 낳는다. 이 주일쯤 지나면 알에서 애벌레가 깬다. 물속에서 애벌레로 겨울을 나고 이듬해 봄에 물 밖으로 나와 날개돋이 한다.

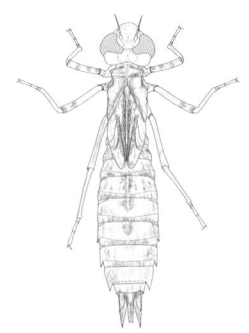

크기 73~80mm
사는 곳 산이나 들판 연못, 저수지
나오는 때 4~8월
분포 흔함
겨울나기 애벌레
알 낳기 혼자, 물풀 줄기
한살이 1년 1세대

도깨비왕잠자리 *Anaciaeschna martini*

×0.9
암컷

수컷

암컷

왕잠자리과 도깨비왕잠자리속

도깨비왕잠자리는 들판에 있는 늪이나 연못, 묵은 논에서 드물게 볼 수 있다. 물풀이 수북하게 자라고 물이 얕고 사방으로 탁 트인 곳을 좋아한다. 제주도와 경상도, 전라도, 충청도에서 살고 경기도 남부 몇몇 곳에서도 볼 수 있다. 6월 말부터 9월까지 날아다닌다.

도깨비왕잠자리 몸은 불그스름한 밤색이다. 수컷 겹눈은 파랗고, 암컷은 짙은 풀색이다. 암수 모두 가슴 옆에 굵고 노란 줄무늬가 두 줄 있는데, 다 자란 수컷은 파랗게 바뀐다. 암컷 날개 뿌리 쪽이 짙은 밤색이어서 쉽게 알아본다.

도깨비왕잠자리 수컷은 아침과 저녁에 나와 먹이를 잡아먹는다. 해가 넘어가 어둑어둑해도 날아다닌다. 다른 잠자리 수컷은 자기 사는 물가를 지키며 맴돌지만, 도깨비왕잠자리 수컷은 아주 높이 날고 자기 사는 둘레를 둘러보지 않고 비행기처럼 빠르게 곧장 날아서 쉽게 볼 수 없다. 암컷은 풀숲에서 날아다닌다. 짝짓기를 마친 암컷은 오후에 혼자서 물풀 줄기 속에 알을 낳는다. 이 주일쯤 지나면 알에서 애벌레가 깨어 나온다. 작은 애벌레로 겨울을 나고 이듬해 봄부터 다시 자라 6월 말부터 물 밖으로 나와 날개돋이를 한다.

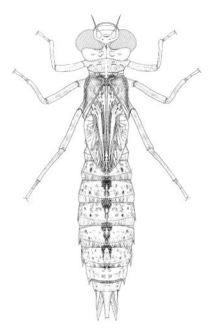

크기 64~68mm
사는 곳 들판 연못, 무논, 늪
나오는 때 6~9월
분포 드묾
겨울나기 애벌레
알 낳기 혼자, 물풀 줄기
한살이 1년 1세대

잘록허리왕잠자리 모기잡이잠자리(북) *Gynacantha japon.*

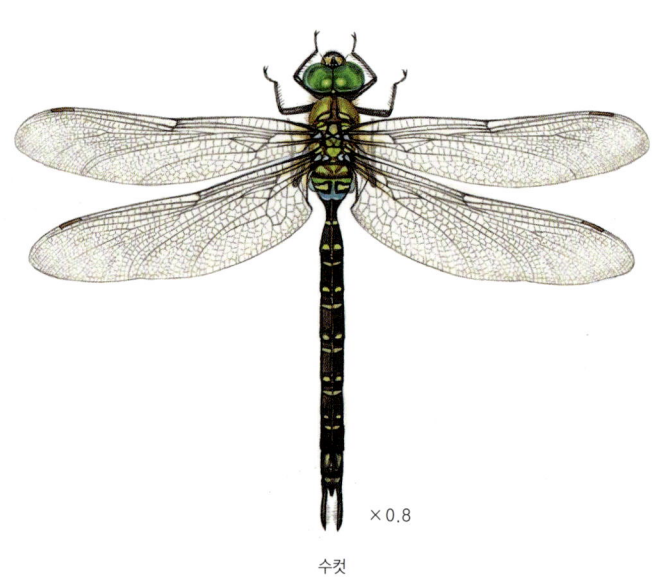

×0.8

수컷

수컷

암컷

왕잠자리과 잘록허리왕잠자리속

잘록허리왕잠자리는 개미허리왕잠자리처럼 두 번째 배마디가 잘록한데 수컷 배마디가 더 가늘다. 개미허리왕잠자리 옆가슴에는 노란 줄무늬가 두 줄 있지만 잘록허리왕잠자리 옆가슴은 풀빛이다. 겹눈은 푸르스름한 풀색이다. 배는 까맣고 위쪽에 노란 점무늬가 있다. 수컷은 첫 번째 배마디가 파랗다.

잘록허리왕잠자리는 우리나라 중부와 남부 지방에서 드물게 볼 수 있다. 6월 말부터 10월까지 날아다닌다. 낮에는 나무가 우거진 숲 속에서 나무에 매달려 지낸다. 해거름에 나와 논이나 연못 둘레를 낮게 날면서 작은 날벌레를 잡아먹는다. 가을에는 아침부터 나와 날아다니면서 먹이를 잡아먹는다. 수컷이 암컷을 만나면 산속에서 짝짓기를 한다. 짝짓기를 마치면 암컷 혼자 논두렁이나 연못 둘레 진흙 속에 알을 낳는다. 알로 겨울을 나고 이듬해 봄에 비가 내려 물이 고이면 애벌레가 깨어 나온다. 봄에 깬 애벌레는 여름이면 물 밖에 나와 날개돋이를 한다. 봄에 가뭄이 들어 비가 안 오면 줄곧 알인 채로 있다가 여름 장마철에 애벌레가 깨고, 얼마 안 지나 8~9월에 물 밖으로 나와 날개돋이를 한다. 왕잠자리 무리 가운데 물속에서 애벌레로 지내는 시간이 가장 짧다.

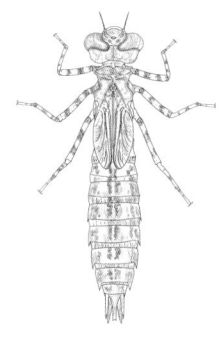

크기 70~75mm
사는 곳 들판 논, 연못
나오는 때 6~10월
분포 제법 드묾
겨울나기 알
알 낳기 혼자, 진흙
한살이 1년 1세대

황줄왕잠자리 *Polycanthagyna melanictera*

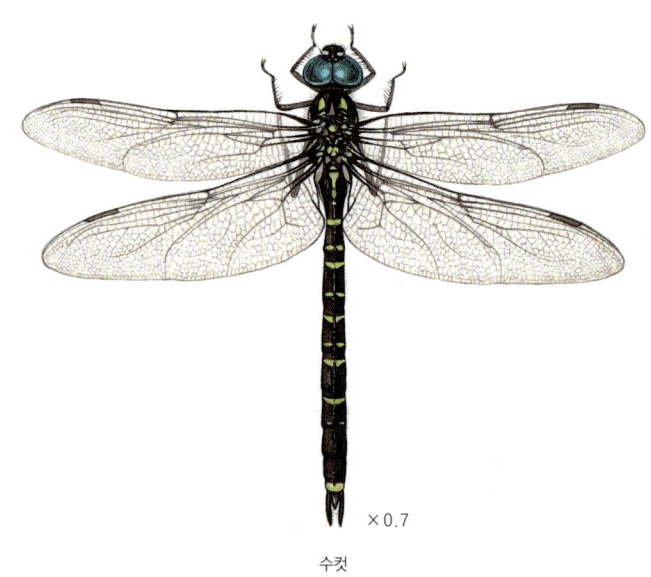

×0.7

수컷

수컷

암컷

왕잠자리과 황줄왕잠자리속

황줄왕잠자리는 배 옆으로 노란 줄무늬가 있어서 이런 이름이 붙었다. 옆가슴에는 풀빛이 도는 노란 줄무늬가 두 줄 있다. 수컷은 1~8번째 배마디 옆으로 가늘고 누런 줄무늬가 있다. 10번째 배마디 위쪽에는 노란 가로 줄무늬가 있고 작은 돌기가 위로 돋았다. 암컷은 배마디 옆쪽에 누런 무늬가 넓게 있고, 7번째 배마디에는 노란 무늬가 고리처럼 둥글게 마디를 감싼다.

황줄왕잠자리는 제주도와 남부 지방에 산다. 용인, 양평 같은 경기 남부 몇몇 곳에서도 가끔 보이지만 아직까지 경기 북부 지방에서는 보이지 않는다. 6월부터 9월까지 날아다닌다.

황줄왕잠자리는 산속이나 산과 이어진 연못이나 웅덩이에서 산다. 연못이나 웅덩이 둘레에 이끼가 자라고 숲이 우거지고 그늘진 곳을 좋아한다. 한낮에는 숲 속에 있어서 안 보이다가, 해거름에 숲에서 나와 둘레에 있는 논이나 연못 위를 날아다니면서 날벌레 같은 먹이를 잡아먹는다. 해거름에는 넓은 곳에서 높게 날고 해뜰참에는 낮게 날거나 제자리에 멈춰 난다. 짝짓기를 마친 암컷은 혼자서 물가 둘레에 있는 이끼에 알을 낳는다. 알에서 깬 애벌레는 물속에 들어가 산다. 애벌레로 겨울을 나고 이듬해 6월 말쯤에 물 밖으로 나와 날개돋이 한다.

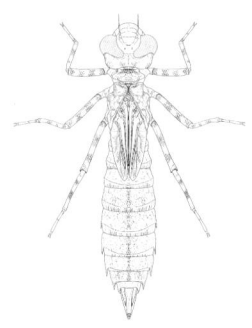

크기 75~83mm
사는 곳 산속 연못, 웅덩이
나오는 때 6~9월
분포 제법 드묾
겨울나기 애벌레
알 낳기 혼자, 물가 둘레 이끼
한살이 1년 1세대

긴무늬왕잠자리 푸른잠자리(북) *Aeschnophlebia longistigma*

×0.9

수컷

수컷

암컷

왕잠자리과 긴무늬왕잠자리속

긴무늬왕잠자리는 들판에 갈대가 많이 자란 연못이나 늪에서 산다. 아침부터 풀숲 위를 날아다니며 작은 날벌레를 잡아먹는다. 풀숲 사이를 요리조리 잘 날아다닌다. 10시가 지나면 풀숲에 내려앉아 해거름까지 자주 쉰다. 하루 내내 풀숲에 앉아 몸을 숨기고 있기 때문에 낮에는 잘 볼 수 없다. 쉬고 있을 때 사람이 풀숲에 들어가면 깜짝 놀라 후다닥 날아간다. 해거름에 또다시 날아올라 먹이를 잡아먹는다. 5월부터 7월까지 우리나라 어디에서나 흔하게 볼 수 있다.

긴무늬왕잠자리는 등가슴에 풀빛 줄무늬가 있고 큰무늬왕잠자리와 달리 옆가슴에 까만 줄무늬가 없다. 배 등 쪽은 까맣고 가는 풀빛 줄무늬가 세로로 나 있다. 배 옆쪽은 풀빛이다.

짝짓기 때가 되면 수컷이 물낯 위를 낮게 날면서 암컷을 찾는다. 암컷을 찾으면 연못 둘레에 자란 나무나 풀 줄기에 앉아 짝짓기를 한다. 짝짓기를 마치면 암컷 혼자 물 위로 뻗은 물풀 줄기 속에 알을 낳는다. 이 주일쯤 지나면 알에서 애벌레가 깨어 나와 물속으로 들어간다. 애벌레인 채로 겨울을 나고 이듬해 5월 말부터 물 밖으로 나와 날개돋이를 한다.

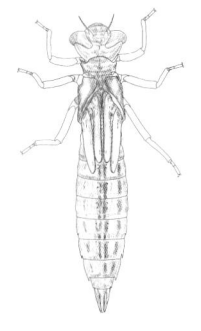

크기 62~68mm
사는 곳 들판 연못, 늪
나오는 때 5~7월
분포 흔함
겨울나기 애벌레
알 낳기 혼자, 물풀 줄기
한살이 1년 1세대

큰무늬왕잠자리 *Aeschnophlebia anisoptera*

×0.8

수컷

수컷

암컷

왕잠자리과 긴무늬왕잠자리속

큰무늬왕잠자리는 제주도에서만 아주 드물게 볼 수 있다. 1941년에 일본 학자가 찾아냈지만 그 뒤로 볼 수가 없었다. 1988년에야 제주도에서 사는 애벌레를 찾았고, 2005년에는 제주도에서 날아다니는 어른벌레를 찾았다. 따뜻한 날씨를 좋아하는 잠자리다.

다 자란 큰무늬왕잠자리는 겹눈이 짙은 푸른빛이다. 등가슴 양쪽에 풀빛이 도는 노란 줄무늬가 있고, 옆가슴에는 굵고 풀빛이 도는 노란 줄무늬가 있다. 배 위쪽은 온통 까맣고 작은 풀빛 점무늬가 있다. 배 옆쪽에는 노란 무늬가 있다. 앞날개 뿌리 쪽은 노르스름하다.

큰무늬왕잠자리는 숲이 우거지고 물풀이 수북이 자란 연못이나 늪에서 산다. 연못 위나 둘레를 높이 날면서 작은 날벌레를 잡는다. 짝짓기를 마친 암컷은 혼자서 물속 물풀 줄기 속에 알을 낳는다. 이 주일쯤 지나면 알에서 애벌레가 깨어나온다. 애벌레는 8~9번째 배마디 위에 뾰족한 등가시가 있는데, 왕잠자리 무리 애벌레 가운데 이 애벌레에만 있다. 애벌레로 겨울을 나고 이듬해 6월 중순쯤에 물 밖으로 나와 날개돋이를 한다.

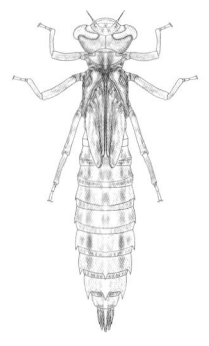

크기 80~82mm
사는 곳 연못, 늪
나오는 때 6~9월
분포 아주 드묾
겨울나기 애벌레
알 낳기 혼자, 물풀 줄기
한살이 1년 1세대

개미허리왕잠자리
짤룩허리잠자리(북) *Boyeria Maclachlani*

왕잠자리과 개미허리왕잠자리속

개미허리왕잠자리는 수컷 세 번째 배마디가 개미허리처럼 잘록하다. 다 크면 겹눈은 짙은 풀빛을 띤다. 몸은 밤빛을 띠며 배마디마다 노르스름한 무늬가 있다. 옆가슴에도 풀빛이 도는 노르스름한 줄무늬가 있다.

개미허리왕잠자리는 물풀이 수북이 자라고 물이 맑은 개울, 내에서 산다. 수컷은 개울을 위아래로 오르내리며 자기가 사는 곳에 다른 수컷이 못 들어오게 막는다. 1m 높이에서 빠르게 날아다닌다. 해뜰참이나 해거름에 많이 나와 날아다니며 작은 날벌레를 잡아먹는다. 7월부터 9월까지 드물게 볼 수 있다. 짝짓기를 하면 암컷 혼자서 낮에 물가 둘레에 있는 썩은 나무줄기 속이나 이끼에 알을 낳는다. 알로 겨울을 나고 이듬해 봄에 알에서 깬 애벌레는 물속 물풀 줄기나 돌 틈에서 산다. 애벌레로 다시 겨울을 나고 이듬해 여름이 되면 물 밖으로 나와 날개돋이를 한다. 강원도 삼척, 인제, 경기도 양평, 충북 괴산, 보은, 경북 울진, 경남 거제, 전남 보성강 같은 곳에서 볼 수 있다. 수가 많지 않고 사는 곳이 자꾸 파헤쳐져서 수가 줄곧 줄고 있다.

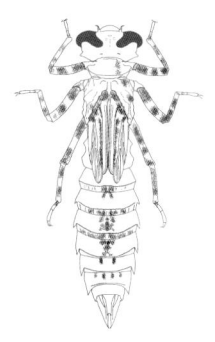

크기 75~85mm
사는 곳 산 개울
나오는 때 7~9월
분포 드묾
겨울나기 알, 애벌레
알 낳기 혼자, 썩은 나무나 이끼
한살이 2년 1세대

한국개미허리왕잠자리 *Boyeria jamjari*

×0.8
수컷

수컷

암컷

왕잠자리과 개미허리왕잠자리속

한국개미허리왕잠자리는 2011년에 찾아낸 우리나라에만 사는 잠자리다. 경기도 양평과 연천, 강원도 횡성에서만 산다. 사는 모습이나 생김새가 개미허리왕잠자리와 닮았다. 암컷과 수컷 모두 양쪽 옆가슴에 노란 줄무늬가 두 줄 나 있고, 날개 뿌리 쪽에 작은 노란 점이 하나 있다. 겹눈은 파르스름한 풀빛이다. 개미허리왕잠자리 수컷은 3번째 배마디가 매우 가늘고 4~6번째 배마디가 넓지만, 한국개미허리왕잠자리 수컷은 배가 조금 더 가늘고 4~6번째 배마디는 넓어지지 않는다.

한국개미허리왕잠자리는 나무와 풀이 우거진 냇물에 산다. 해거름에 많이 나와 날아다니며 작은 날벌레를 잡아먹는다. 6월 말부터 9월까지 볼 수 있다. 개미허리왕잠자리처럼 짝짓기를 마치면 암컷 혼자서 물가에 있는 썩은 나무줄기 속이나 이끼에 알을 낳는다. 알로 겨울을 나고 이듬해 봄에 애벌레가 깨어 나와 물속에 들어가 산다. 중간 크기로 자란 애벌레는 한번 더 겨울을 나고 이듬해 6월에 물 밖으로 나와 날개돋이를 한다.

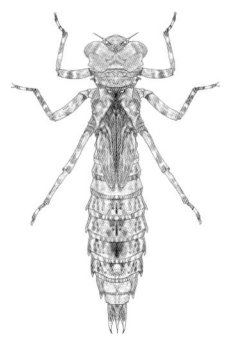

크기 67~76mm
사는 곳 냇물
나오는 때 6~9월
분포 아주 드묾
겨울나기 알, 애벌레
알 낳기 혼자, 썩은 나무나 이끼
한살이 2년 1세대

한라별왕잠자리 *Sarasaeschna pryeri*

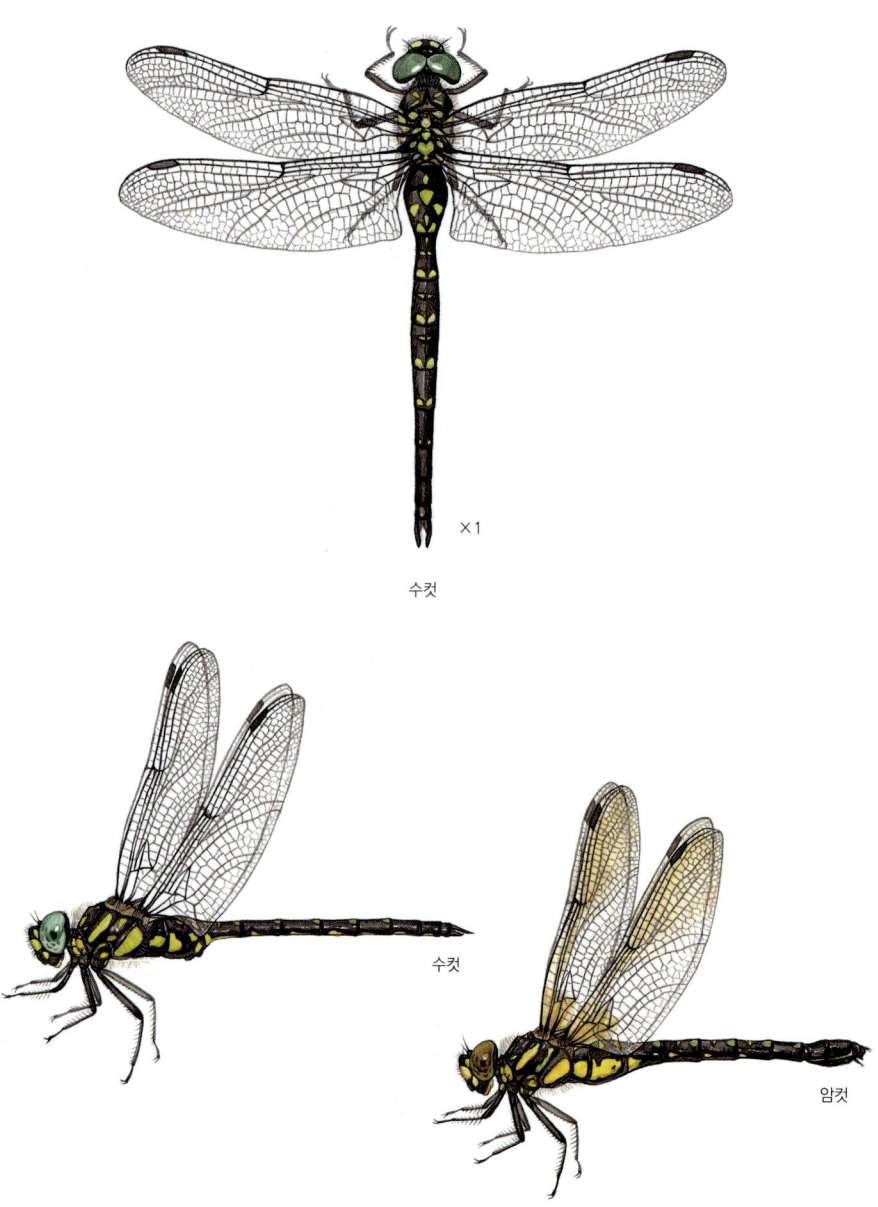

수컷

수컷

암컷

왕잠자리과 한라별왕잠자리속

한라별왕잠자리는 일본과 대만에 사는 잠자리로 알려졌다. 그런데 2009년에 제주도에서도 처음 찾아냈다. 우리나라에서는 아직까지 제주도에서만 볼 수 있다. 5월 초부터 8월까지 날아다니는데 아주 드물다.

한라별왕잠자리는 암수 모두 가슴이 까맣고 옆가슴에 굵고 노란 줄무늬가 있다. 배는 까맣고 노란 점무늬가 있다. 1~3번째 배마디가 아주 굵다. 배 옆 아래쪽에도 노르스름한 점무늬가 있다.

한라별왕잠자리는 한라산 기슭에 둘레가 확 트인 웅덩이나 늪에서 산다. 수컷은 자기 사는 곳 둘레를 왔다 갔다 날아다니면서 다른 수컷이 못 들어오게 지킨다. 암컷을 만나면 숲 속 풀숲에 앉아 짝짓기를 한다. 짝짓기를 마치면 암컷 혼자 물가에 난 이끼 속에 알을 낳는다. 알에서 깬 애벌레는 물속에 쌓인 가랑잎 밑에 들어가 산다. 애벌레가 사는 모습은 더 밝혀져야 한다.

크기 62~65mm
사는 곳 산속 웅덩이, 늪
나오는 때 5~8월
분포 아주 드묾
겨울나기 애벌레
알 낳기 혼자, 이끼
한살이 아직 모름

마아키측범잠자리 넓은꼬리등줄잠자리(북) *Anisogomphus ma*

×1.2

수컷

수컷

암컷

측범잠자리과 마아키측범잠자리속

마아키측범잠자리는 배 꽁무니가 눈에 띄게 넓다. 몸빛은 까맣고 풀빛을 띤 노란 무늬가 있다. 두 겹눈은 짙은 풀빛이고 서로 제법 떨어져 있다. 암수 모두 등가슴에 굵은 줄무늬와 가슴 어깨에 가는 줄무늬가 양쪽에 마주 나 있는데, 수컷은 풀빛이 돌고 암컷은 노랗다. 배 위쪽 가운데로 가늘고 긴 풀빛이 도는 노란 세로 줄무늬가 있다.

마아키측범잠자리는 강 상류나 중류에서 날개돋이 한 뒤에 산으로 날아가 산다. 높은 산에서도 볼 수 있다. 산길 둘레에서 날아다니고 물가나 땅바닥에 잘 내려앉는다. 5월 중순부터 7월까지 우리나라 어디서나 살지만 그리 많이 보이지는 않는다.

마아키측범잠자리는 짝짓기 때가 되면 강 중류 물가로 날아온다. 수컷은 텃세를 부리지 않고 암컷을 기다린다. 짝짓기를 마친 암컷은 혼자 날아다니면서 꽁무니로 물낯을 치듯이 알을 낳는다. 한 달쯤 지나면 알에서 애벌레가 깨어 나온다. 애벌레는 모래나 진흙 속을 파고 들어가 살면서 작은 물벌레나 물고기를 잡아먹는다. 물속에서 겨울을 두 번 나고 그 이듬해 봄에 물 밖으로 나와 날개돋이를 한다.

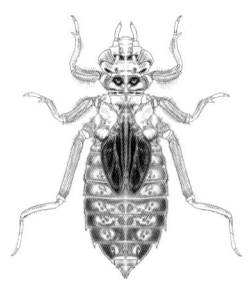

크기 50~54mm
사는 곳 산, 강
나오는 때 5~7월
분포 제법 드묾
겨울나기 애벌레
알 낳기 혼자, 물낯
한살이 2년 1세대

어리측범잠자리 *Shaogomphus postocularis*

×1.2

수컷

수컷

암컷

측범잠자리과 어리측범잠자리속

어리측범잠자리는 다른 측범잠자리와 달리 등가슴에 풀빛이 도는 노란 무늬가 Z꼴로 서로 마주보며 나 있다. 배는 까맣고, 배 등 쪽 가운데로 풀빛이 도는 노란 세로 줄무늬가 나 있는데 뒤쪽으로 갈수록 가늘게 좁아진다. 수컷 1~2번째 배마디와 8~9번째 배마디 옆쪽에는 풀빛이 도는 노란 점무늬가 제법 크게 있다. 수컷 꽁무니는 불룩하다. 암컷은 1~9번째 배마디 옆쪽에 노란 무늬가 있다.

어리측범잠자리는 큰 강과 여러 물줄기가 합치는 곳에서 산다. 중부와 남부 지방에서 아주 드물게 볼 수 있다. 4월 말부터 6월까지 날아다닌다. 물살이 느릿느릿 흐르는 강 둘레 나무나 풀숲에서 작은 날벌레 따위를 잡아먹는다. 나무나 풀에 잘 앉고, 수컷은 물줄기 가운데까지 왔다 갔다 날아다니며 텃세를 부린다. 그러다가 암컷이 나타나면 낚아채 짝짓기를 한다. 짝짓기를 마친 암컷은 혼자 물가 둘레에 앉아 배 끝에 알을 뭉치듯 낳아 알 덩어리를 만든다. 그리고 강으로 날아가 꽁무니로 물을 튀기듯 치며 알을 떨어뜨린다. 물에 떨어진 알에서 한 달쯤 지나면 애벌레가 깨어 나온다. 애벌레는 물이 느리게 흐르는 물가 돌 틈이나 모래에 몸을 숨기고 살면서 물속에 사는 작은 물벌레를 잡아먹는다. 물속에서 겨울을 두 번 나고 그 이듬해 봄에 물 밖으로 나와 날개돋이 한다.

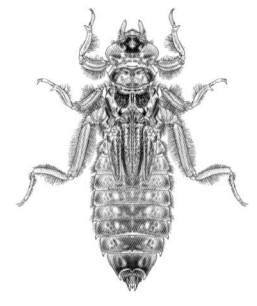

크기 50~54mm
사는 곳 큰 강
나오는 때 4~6월
분포 아주 드묾
겨울나기 애벌레
알 낳기 혼자, 물낯
한살이 2년 1세대

호리측범잠자리 둥근무늬등줄잠자리(북) *Stylurus annulatus*

×1
수컷

수컷

암컷

측범잠자리과 안경잡이측범잠자리속

　호리측범잠자리는 등가슴에 노란 가로 줄무늬와 세로 줄무늬가 양쪽으로 마주 나 있다. 옆가슴은 노랗고 까만 줄무늬가 있다. 가운데 까만 줄무늬는 끊어져 둘로 나뉜다. 3~7번째 배마디 앞쪽마다 노란 줄무늬가 고리처럼 둥글게 나타난다. 7~9번째 배마디는 불룩하고 수컷 꽁무니에 있는 부속기는 짧아서 10번째 배마디 길이와 비슷하다.

　호리측범잠자리는 온 나라에 살지만 보기 힘들다. 5월 말부터 7월까지 날아다닌다. 강 상류나 중류에서 사는데 물이 느릿느릿 흐르는 곳을 좋아한다. 날개돋이를 한 뒤로 물가 산이나 숲에 들어가 산다. 짝짓기 때가 되면 다시 물가로 날아온다. 수컷은 이른 아침에 강 위쪽과 아래쪽으로 왔다 갔다 날아다니다가 한낮이 되면 둘레 숲 속으로 들어간다. 6~7월에 짝짓기를 마친 암컷은 혼자 강 상류에서 꽁무니로 물낯을 치면서 알을 낳는다. 한 달쯤 지나면 알에서 애벌레가 깨어 나온다. 애벌레는 모래나 진흙 속에 굴을 파고 들어가 살면서 물속 작은 물벌레를 잡아먹는다. 다른 잠자리 애벌레와 달리 배마디가 길쭉하다. 물속에서 겨울을 두 번 나고 그 이듬해 봄 이른 아침에 물 밖으로 나와 날개돋이를 한다. 날개가 다 마르면 숲으로 날아간다.

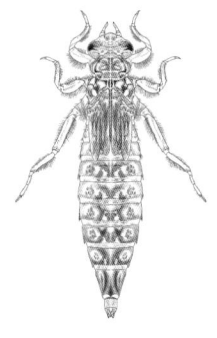

크기 60~62mm
사는 곳 강 상, 중류
나오는 때 5~7월
분포 드묾
겨울나기 애벌레
알낳기 혼자, 물낯
한살이 2년 1세대

자루측범잠자리 *Burmagomphus collaris*

×1.2

수컷

수컷

암컷

측범잠자리과 자루측범잠자리속

자루측범잠자리는 애벌레 더듬이가 긴 자루처럼 생겼다고 이런 이름이 붙었다. 다른 측범잠자리와 닮았는데 크기는 제법 작고, 온몸은 까맣고 푸르스름한 노란 무늬가 나 있다. 겹눈은 풀빛이다. 1~8번째 배마디 등 쪽에 노란 무늬가 고리처럼 나 있다. 9번째 배마디 위쪽에는 넓은 노란 무늬가 있다. 꽁무니는 곤봉처럼 불룩하다.

자루측범잠자리는 중부와 남부 지방에서 제법 흔히 볼 수 있다. 5월 말부터 8월까지 날아다닌다. 강 중류와 하류에서 사는데, 둘레에 있는 숲이나 풀밭에서도 볼 수 있다. 수컷은 강 가운데까지 왔다 갔다 날아다니거나 제자리에 멈춰 날갯짓하며 자기 사는 곳에 다른 수컷이 못 들어오게 쫓는다. 짝짓기를 마친 암컷은 물가를 혼자 날아다니며 물낯에 꽁무니를 두드리며 알을 낳는다. 한 달쯤 지나면 알에서 애벌레가 깨어 나온다. 애벌레는 자갈과 모래가 깔린 바닥에서 작은 물벌레를 잡아먹고 산다. 물속에서 겨울을 두 번 나고 그 이듬해 봄에 물 밖으로 나와 날개돋이를 한다.

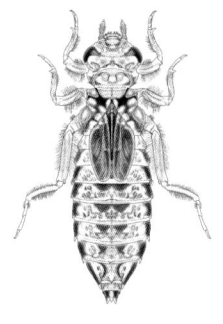

크기 48~50mm
사는 곳 강 중, 하류
나오는 때 5~8월
분포 제법 흔함
겨울나기 애벌레
알 낳기 혼자, 물낯
한살이 2년 1세대

노란배측범잠자리 *Asiagomphus coreanus*

×1
수컷

수컷

암컷

측범잠자리과 산측범잠자리속

　노란배측범잠자리는 우리나라에만 사는 잠자리다. 1937년에서 대구에서 처음 찾아냈다. 수컷 배 위쪽으로 노란 무늬가 물방울 떨어지듯 흐르는데 산측범잠자리보다 더 흐릿하다. 6번째와 9번째 배마디 끝에 노란 가로 줄무늬가 뚜렷하다.

　노란배측범잠자리는 몇몇 곳에서만 살고 날개돋이 하면 곧바로 산속으로 날아가서 보기 어렵다. 다 큰 암컷은 짝짓기를 하고 혼자 골짜기 물 위를 날면서 알을 떨어뜨려 낳는다. 알은 물살에 휩쓸려 강 중류까지 내려간다. 한 달쯤 지나면 알에서 애벌레가 깨어 나오는 것 같다. 애벌레는 개울이나 내 같은 강 중류 모래가 깔린 곳에서 산다. 물속에서 겨울을 두 번 나고 5월에 물 밖으로 나와 날개돋이를 한다. 어떻게 먹이를 잡아먹고 짝짓기하며 사는지 더 밝혀져야 한다.

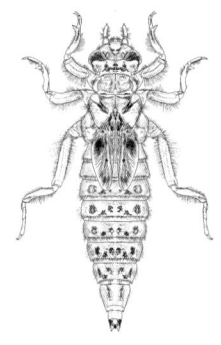

크기　56〜58mm
사는 곳　산, 강
나오는 때　5월부터
분포　아주 드묾
겨울나기　애벌레
알 낳기　혼자, 공중
한살이　2년 1세대

산측범잠자리 *Asiagomphus melanopsoides*

측범잠자리과 산측범잠자리속

산측범잠자리는 노란배측범잠자리와 똑 닮았다. 하지만 배 위쪽에 있는 노란 무늬가 더 뚜렷하고 길쭉하다. 9번째 배마디 끝에는 노란 가로 줄무늬가 있다. 수컷은 배 아래쪽에 있는 부성기가 노란배측범잠자리보다 더 불룩하고, 암컷은 배꽁무니에 알 낳는 산란판이 가시처럼 아래로 돋았다.

산측범잠자리는 노란배측범잠자리처럼 우리나라에만 사는 잠자리다. 1933년에 처음 찾아냈다. 노란배측범잠자리처럼 몇몇 곳에서만 살아서 아직까지 사는 모습이 잘 알려지지 않았다. 5월 중순쯤에 날개돋이를 하고 곧바로 강 상류로 날아간다. 산속에 살면서 어른이 되고 짝짓기를 한다. 짝짓기를 마친 암컷은 작은 냇물 위를 혼자 날면서 알을 물에 떨어뜨려 낳는다. 물속에 떨어진 알은 물살을 따라 강 중류로 떠내려간다. 한 달쯤 지나면 애벌레가 깨어 나온다. 애벌레는 강 중류 모래가 깔린 바닥에서 산다. 물속에서 두 해를 나고 그 이듬해 봄에 물 밖으로 나와 날개돋이를 한다.

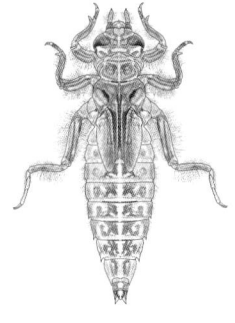

크기 54~56mm
사는 곳 산, 강
나오는 때 5월부터
분포 아주 드묾
겨울나기 애벌레
알 낳기 혼자, 공중
한살이 2년 1세대

쇠측범잠자리

작은검은등줄잠자리(북) *Davidius lunatus*

×1.3

수컷

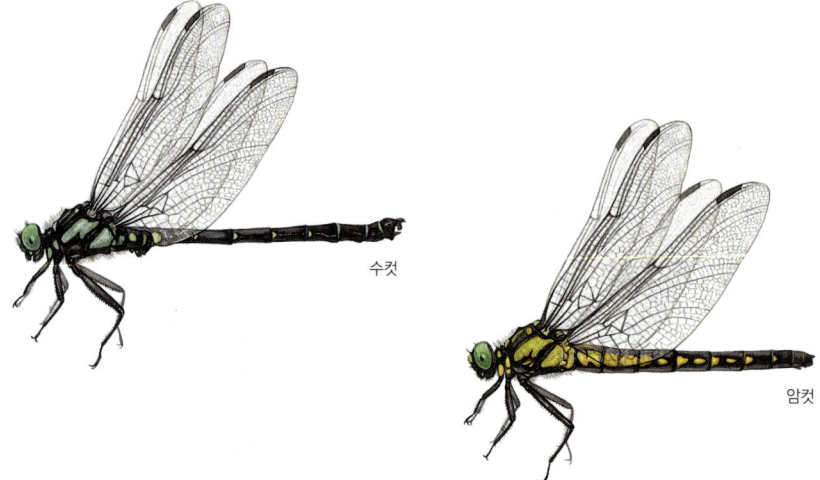

수컷

암컷

측범잠자리과 쇠측범잠자리속

쇠측범잠자리는 앞에서 보면 등가슴에 'ㅅ' 자 꼴 노란 무늬가 있다. 옆가슴에 풀빛이 도는 노란 무늬가 있는데, 그 가운데로 까만 무늬가 뾰족하게 솟는다. 수컷은 1~7번째 배마디 옆쪽에 작고 노란 점무늬가 있다. 암컷은 1~8번째 배마디 옆에 제법 큰 노란 무늬가 있다. 배 위쪽에는 아무 무늬가 없다.

쇠측범잠자리는 제주도를 뺀 우리나라 어디에서나 볼 수 있다. 다른 잠자리보다 이른 4월 말부터 나와서 6월까지 날아다닌다. 6월 중순이 지나면 거의 볼 수 없다. 산골짜기 맑은 물가에서 산다. 수컷은 물가 둘레에 있는 숲에 살면서 암컷을 기다린다. 암컷이 나타나면 풀숲에 들어가 짝짓기를 한다. 짝짓기를 마친 암컷은 골짜기 물길이 머무르는 웅덩이 위를 혼자 날면서 알을 낳는다. 물낯 위에서 제자리 날며 알을 물속에 떨어뜨린다. 한 달쯤 지나면 알에서 애벌레가 깨어 나온다. 애벌레는 웅덩이에 쌓인 모래밭 속에 들어가 산다. 물속에서 두 해 겨울을 넘기고 그 이듬해 봄에 물 밖으로 나와 날개돋이를 한다. 햇볕이 잘 비추는 오전에 물가 둘레에 있는 돌이나 나뭇잎, 풀잎 위로 올라가 바닥을 딛고 몸을 곧추 세우며 날개돋이를 한다.

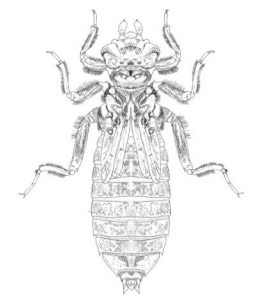

크기 40~44mm
사는 곳 산속 물가
나오는 때 4~6월
분포 아주 흔함
겨울나기 애벌레
알 낳기 혼자, 공중
한살이 2년 1세대

검정측범잠자리 애기잠자리(북) *Trigomphus nigripes*

×1.3
수컷

수컷

암컷

측범잠자리과 가시측범잠자리속

검정측범잠자리는 가시측범잠자리와 똑 닮았다. 생김새만 보고는 가려내기가 어렵다. 검정측범잠자리 수컷은 2~3번째 배 밑에 있는 두 번째 생식기가 가시측범잠자리보다 덜 튀어나왔다. 암컷은 9~10번째 배마디가 가시측범잠자리보다 길고 꽁무니 밑에 있는 생식기가 더 넓고 길게 갈라졌다.

검정측범잠자리는 우리나라 어디에나 살지만 수가 적어서 쉽게 못 본다. 4월 말부터 여름 들머리인 6월까지 두 달쯤 날아다닌다. 수컷은 작은 연못과 둠벙 둘레에 살면서 암컷과 짝짓기를 한다. 짝짓기를 마친 암컷은 오뉴월에 연못 둘레를 혼자 날아다니면서 알을 물에 떨어뜨려 낳는다. 한 달쯤 지나면 알에서 애벌레가 깨어 나온다. 애벌레는 물속 진흙 속에서 산다. 진흙 속에서 꽁무니만 빼 숨을 쉬려고 9~10번째 배마디가 길쭉하다. 물속에서 두 해 겨울을 나고 그 이듬해 봄에 물 밖으로 나와 날개돋이 한다.

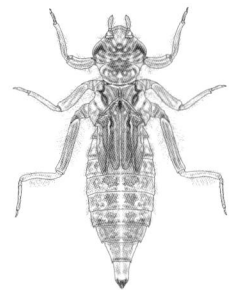

크기 42~46mm
사는 곳 산, 들판 연못, 웅덩이, 냇물
나오는 때 4~6월
분포 제법 드묾
겨울나기 애벌레
알 낳기 혼자, 공중
한살이 2년 1세대

가시측범잠자리

노란작은등줄잠자리(북) *Trigomphus citimus*

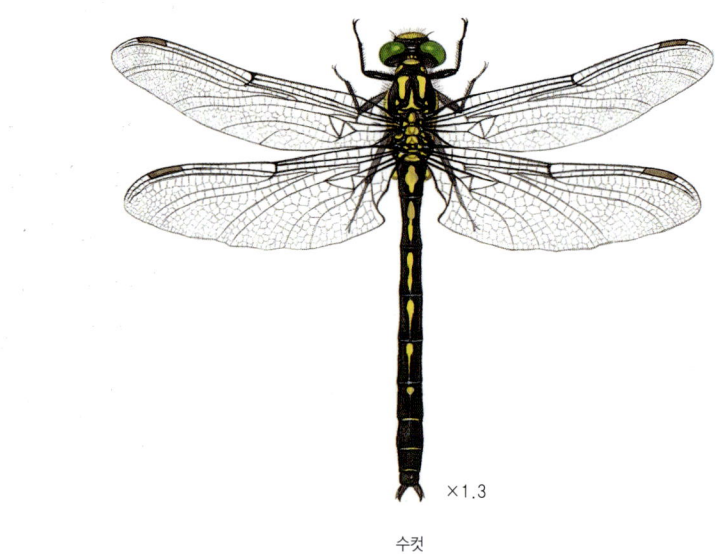

×1.3

수컷

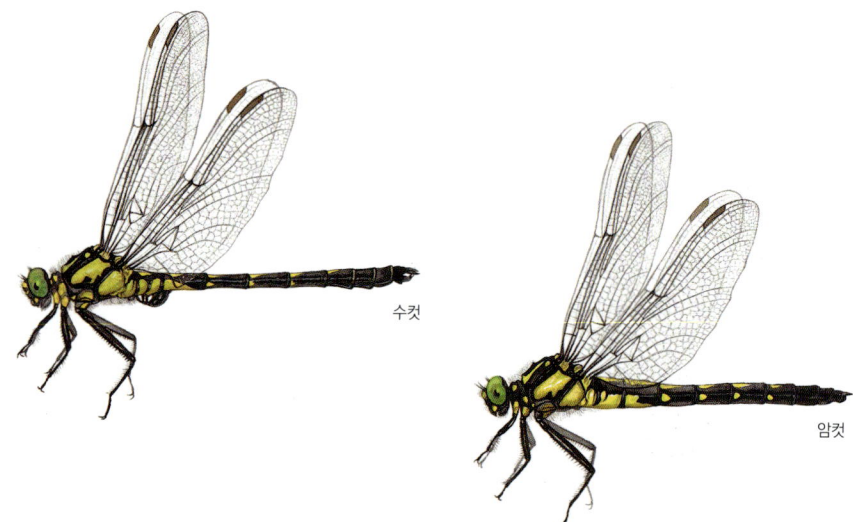

수컷

암컷

측범잠자리과 가시측범잠자리속

　가시측범잠자리는 검정측범잠자리와 똑 닮았다. 가시측범잠자리 수컷은 배 앞쪽 밑에 있는 두 번째 생식기가 두툼하게 밖으로 더 튀어나왔다. 또 9번째 배마디 위쪽 끝이 가시처럼 뾰족하게 튀어나왔고, 10번째 배마디가 9번째 배마디보다 짧다. 암컷은 10번째 배마디가 짧고 밑에 있는 산란판이 가늘고 짧게 갈라졌다.

　가시측범잠자리는 검정측범잠자리와 달리 우리나라 어디에서나 제법 흔하게 볼 수 있다. 4월 말부터 6월까지 날아다닌다. 연못이나 웅덩이, 저수지, 냇물이 천천히 흐르는 곳에서 산다. 검정측범잠자리처럼 짝짓기를 마친 암컷은 물낯 위를 혼자 날면서 알을 떨어뜨려 낳는다. 한 달쯤 지나면 알에서 애벌레가 깨어 나온다. 애벌레는 물속 모래 속에 살아서 진흙 속에 사는 검정측범잠자리 애벌레보다 꽁무니가 길쭉하지 않다. 물속에서 두 해 겨울을 넘긴다. 그 이듬해 봄에 물 밖으로 나와 날개돋이 한다.

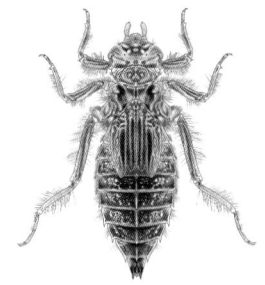

크기 42~45mm
사는 곳 산과 들 웅덩이, 냇물
나오는 때 4~6월
분포 제법 흔함
겨울나기 애벌레
알 낳기 혼자, 공중
한살이 2년 1세대

노란측범잠자리 *Lamelligomphus ringens*

×1.1

수컷

수컷

암컷

측범잠자리과 노란측범잠자리속

노란측범잠자리는 몸빛이 까맣고 옆가슴에 굵고 노란 무늬가 두 줄 있다. 배마디마다 둥근 노란 무늬가 뚜렷하고 아주 굵다. 겹눈은 푸르스름하다. 수컷 꽁무니는 옆으로 넓적하고, 10번째 배마디 위쪽에 노란 가로 줄무늬가 있다. 꽁무니에 있는 위아래 부속기가 갈고리처럼 커다랗다. 암컷 부속기는 노랗다.

노란측범잠자리는 우리나라 어디서나 볼 수 있다. 5월 말부터 8월 말까지 날아다닌다. 산과 들판에 흐르는 개울이나 내에서 흔히 볼 수 있다. 물가 둘레에 있는 넓은 풀밭이나 빈터에서 날아다니고, 산길이나 골짜기에서도 볼 수 있다. 맨땅에도 곧잘 앉는다. 앉아 있을 때는 자주 기다란 배를 하늘로 곧추세워 올린다. 앉아 있다가도 먹이가 나타나면 빠르게 날아가서 잡는다. 수컷은 물가 위아래를 오르내리며 텃세를 부리다가 암컷을 만나면 풀숲에 들어가 짝짓기를 한다. 짝짓기를 마친 암컷은 물이 천천히 흐르는 물줄기 상류와 중류로 혼자 날아가 꽁무니로 물낯을 톡톡 치면서 알을 낳는다. 한 달쯤 지나면 알에서 애벌레가 깨어 나온다. 애벌레는 굵은 모래나 작은 자갈이 깔린 물 바닥에서 산다. 더듬이가 주걱처럼 생겼고, 날개주머니가 '八' 꼴로 벌어져 다른 애벌레와 다르다. 두 해를 물속에서 지내고 그 이듬해 5월 말부터 밤에 물 밖으로 나와 날개돋이 한다.

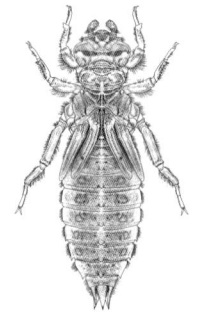

크기 54～56mm
사는 곳 산과 들 물줄기
나오는 때 5～8월
분포 흔함
겨울나기 애벌레
알 낳기 혼자, 물낯
한살이 2년 1세대

측범잠자리 *Ophiogomphus obscurus*

×1
수컷

수컷

암컷

측범잠자리과 측범잠자리속

측범잠자리는 암수 모두 온몸이 까맣고 풀빛이 돈다. 등가슴에 굵은 풀색 줄무늬가 어깨에 있는 가는 줄무늬와 이어진다. 온 배마디 등과 옆쪽에 풀빛 줄무늬가 있다. 암수 모두 넓적다리에 노란빛이 돈다. 수컷은 꽁무니에 돋은 아래쪽 부속기가 위쪽 부속기보다 조금 더 길다.

측범잠자리는 동유럽과 시베리아, 중국 북부, 몽골 같은 북쪽 지방에서 사는 잠자리다. 우리나라에서는 강원도와 경기도 북쪽 몇몇 깊은 산골짜기에서 6월 중순부터 8월까지 드물게 볼 수 있다. 수컷은 물줄기 위아래를 왔다 갔다 날아다니며 텃세를 부린다. 그러다 산길이나 골짜기 바위 위에 자주 내려앉는다. 짝짓기를 마친 암컷은 골짜기 물 가장자리 풀에 앉아 배 끝에 먼저 알을 뭉쳐 낳는다. 그리고는 흐르는 물낯에 꽁무니를 부딪쳐 알을 떨어뜨린다. 알에서 깬 애벌레는 물속 모래 속에서 산다. 모래 속에 몸을 숨기고 살면서 물속에 사는 하루살이 애벌레나 깔따구 애벌레 같은 물벌레를 잡아먹는다. 더듬이가 방망이처럼 생기고, 날개주머니가 '八' 꼴로 벌어졌다. 물속에서 겨울을 두 번 보내고 그 이듬해 여름들머리에 물 밖으로 나와 날개돋이 한다.

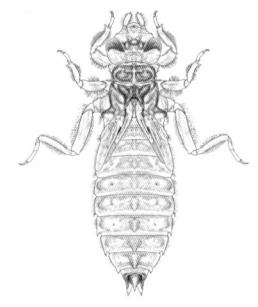

크기 55~58mm
사는 곳 산
나오는 때 6~8월
분포 매우 드묾
겨울나기 애벌레
알 낳기 혼자, 물낯
한살이 2년 1세대

꼬마측범잠자리 *Nihonogomphus minor*

×1.2
수컷

수컷

암컷

측범잠자리과 고려측범잠자리속

　꼬마측범잠자리는 우리나라에만 사는 잠자리다. 1943년 경기도 소요산에서 '도이' 라는 일본 사람이 처음 찾아냈다. 중부와 북부 지역에서 아주 드물게 볼 수 있다. 4월 말부터 6월까지 날아다닌다.

　꼬마측범잠자리는 암수 모두 어렸을 때는 몸이 까맣고 노란 무늬가 있는데 크면서 수컷은 무늬가 파르스름하게 바뀐다. 암컷은 그대로다. 겹눈은 풀빛이다. 등가슴에 굵고 파란 줄무늬가 어깨에 있는 가는 줄무늬와 이어진다. 1~7번째 배마디 등 쪽에 누런 세로 줄무늬가 있고, 8~10번째 배마디에는 가로 줄무늬가 있다. 1~10번째 배마디 옆쪽에도 누런 줄무늬가 있는데, 암컷은 마디마다 세로와 가로 줄무늬가 함께 있다.

　꼬마측범잠자리는 물줄기 상류와 중류에서 산다. 수컷은 사방이 훤히 뚫린 풀밭에서 많이 날아다니고, 암컷은 둘레 나무숲에서 산다. 수컷은 물줄기를 따라 위아래로 왔다 갔다 날아다니면서 다른 수컷이 못 들어오게 쫓으며 텃세를 부린다. 짝짓기를 마친 암컷은 혼자 물낯 위를 날면서 꽁무니를 물낯에 부딪치며 알을 떨어뜨려 낳는다. 한 달쯤 지나면 알에서 애벌레가 깨어 나온다. 애벌레는 물속 자갈이 많이 깔린 바닥에 살면서 두 해 겨울을 난다. 그 이듬해 이른 봄에 물 밖으로 나와 날개돋이 한다.

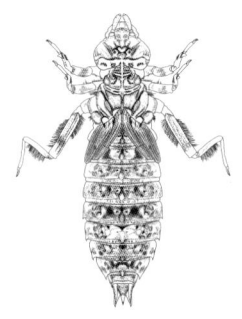

크기 50~52mm
사는 곳 강 상, 중류
나오는 때 4~6월
분포 아주 드묾
겨울나기 애벌레
알 낳기 혼자, 물낯
한살이 2년 1세대

어리장수잠자리 작은말잠자리(북) *Sieboldius albardae*

×0.9

수컷

수컷

암컷

측범잠자리과 어리장수잠자리속

　어리장수잠자리는 생김새나 몸집이 장수잠자리를 닮았다고 이런 이름이 붙었다. 하지만 장수잠자리와 다른 종으로 측범잠자리 무리에 드는 잠자리다. 측범잠자리 무리 가운데 몸집이 가장 크다. 3~8번째 배마디까지만 노란 띠무늬가 있고 나머지 두 마디에는 없다.

　어리장수잠자리는 산골짜기나 강 윗물, 물이 맑고 느릿느릿 흐르는 곳에서 산다. 5월 말부터 8월까지 날아다닌다. 우리나라 어디서나 흔하게 볼 수 있다. 갓 날개돋이 한 뒤에는 물가 가까운 숲이나 산에 들어가 살다가 다 자라면 짝짓기를 하러 물가로 내려온다. 몸집이 크고 사나워서 나비나 나방뿐만 아니라 다른 잠자리나 같은 종까지 잡아먹는다. 짝짓기를 마친 암컷은 혼자 물이 얕고 천천히 흐르는 개울에서 알을 낳는다. 먼저 배 꽁무니에 알을 덩어리로 뭉쳐 낳는다. 그리고는 제자리에서 날거나 물낯을 스치듯 날면서 꽁무니로 물낯을 쳐 알 덩어리를 물속에 떨어뜨린다. 알 덩어리는 끈끈해서 물에 안 떠내려가고 돌에 달라붙는다. 한 달쯤 지나면 애벌레가 깨어 나온다. 애벌레는 물속에 떨어진 가랑잎이나 돌 틈에 숨어서 작은 물속 동물을 잡아먹고 산다. 꼭 가랑잎 같아서 눈에 잘 안 띈다. 배에서 물을 뿜거나 기어서 자리를 옮기기도 한다. 위험을 느끼면 몸을 움츠리고 가만히 죽은 척 한다. 겨울을 두 번 나고 그 이듬해 여름 들머리에 물 밖에 나와 날개돋이 한다.

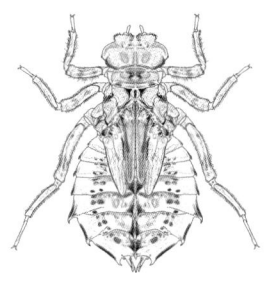

크기 74~80mm
사는 곳 산골짜기
나오는 때 5~8월
분포 흔함
겨울나기 애벌레
알 낳기 혼자, 물낯
한살이 2년 1세대

어리부채장수잠자리 가짜부채잠자리(북) *Gomphidia conflu*

×0.8
수컷

수컷

암컷

측범잠자리과 어리부채장수잠자리속

어리부채장수잠자리는 부채장수잠자리와 생김새가 닮았다고 이런 이름이 붙었다. 부채장수잠자리와 달리 꽁무니에 부채처럼 생긴 돌기가 없고, 7번째 배마디에 있는 노란 무늬가 가장 넓다. 7번째 배마디부터 곤봉처럼 통통한데 암컷이 수컷보다 더 통통하다. 등가슴에는 'ㄱ' 꼴로 된 노란 무늬가 양쪽으로 마주보며 나 있다. 암수 모두 넓적다리가 노랗다.

어리부채장수잠자리는 물이 느릿느릿 흐르는 강이나 넓은 저수지에서 산다. 5월 말부터 7월까지 우리나라 어디에서나 제법 흔하게 볼 수 있다. 경기도 양수리와 섬진강에 많다. 수컷은 물가 둘레에 살면서 다른 수컷이 들어오면 달려들어 내쫓는다. 암컷은 그 둘레 산에서 산다. 짝짓기를 마친 암컷은 혼자 날면서 물낯에 꽁무니를 톡톡 두드리며 알을 낳는다. 한 달쯤 지나면 알에서 애벌레가 깨어 나온다. 물속에서 겨울을 두 번 난 뒤 그 이듬해 늦은 봄에 물 밖으로 나와 날개돋이 한다.

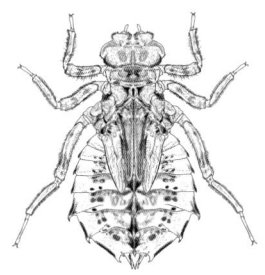

크기 67~72mm
사는 곳 강, 저수지
나오는 때 5~7월
분포 제법 흔함
겨울나기 애벌레
알 낳기 혼자, 물낯
한살이 2년 1세대

부채장수잠자리 부채잠자리(북) *Sinictinogomphus clavatus*

×1
수컷

수컷

암컷

측범잠자리과 부채장수잠자리속

부채장수잠자리는 어리부채장수잠자리와 똑 닮았다. 하지만 어리부채장수잠자리와 달리 꽁무니 아래에 부채처럼 동그랗게 생긴 돌기가 있다. 3~7번째 배마디 등 쪽에는 거꾸로 된 삼각형처럼 생긴 노란 무늬가 있고, 8~9번째 배마디 밑쪽으로 노란 무늬가 있다.

부채장수잠자리는 물풀이 우거진 연못이나 넓은 저수지에서 산다. 제주도부터 우리나라 어디서나 살지만 보기 드물다. 5월 말부터 8월까지 날아다닌다. 갓 날개돋이를 하고 나온 잠자리는 둘레에 있는 숲에 들어가 산다. 다 크면 수컷은 연못이나 저수지로 나온다. 암컷은 숲에서 살기 때문에 짝짓기 때가 아니면 좀체 못 본다. 수컷은 물 가장자리보다 물 안쪽에 삐죽이 자란 풀 줄기에 곧잘 앉아 암컷을 기다린다. 다른 수컷이 오면 다른 잠자리보다 아주 멀리까지 쫓아낸다. 그래서 넓은 곳을 혼자 차지해 연못이나 저수지에 한두 마리만 보일 뿐이다. 짝짓기를 마친 암컷은 혼자 여기저기 날아다니면서 꽁무니로 마치 알을 물낯에 붙이듯 낳는다. 알에는 가는 실 같은 끈이 있어 물속에 잠기면서 물풀 줄기나 잎에 감긴다. 한 달쯤 지나면 알에서 애벌레가 깨어 나온다. 애벌레는 물 깊이가 3m도 넘는 물속 깊이 들어가 살기 때문에 보기 어렵다. 겨울을 두 번 나고 그 이듬해 늦은 봄에 물 밖으로 나와 날개돋이 한다.

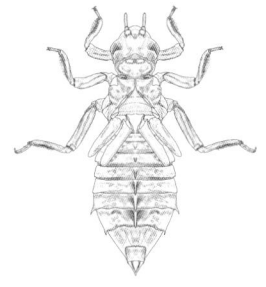

크기 65~70mm
사는 곳 들판 연못, 저수지
나오는 때 5~8월
분포 제법 드묾
겨울나기 애벌레
알 낳기 혼자, 물낯
한살이 2년 1세대

장수잠자리 *Anotogaster sieboldii*

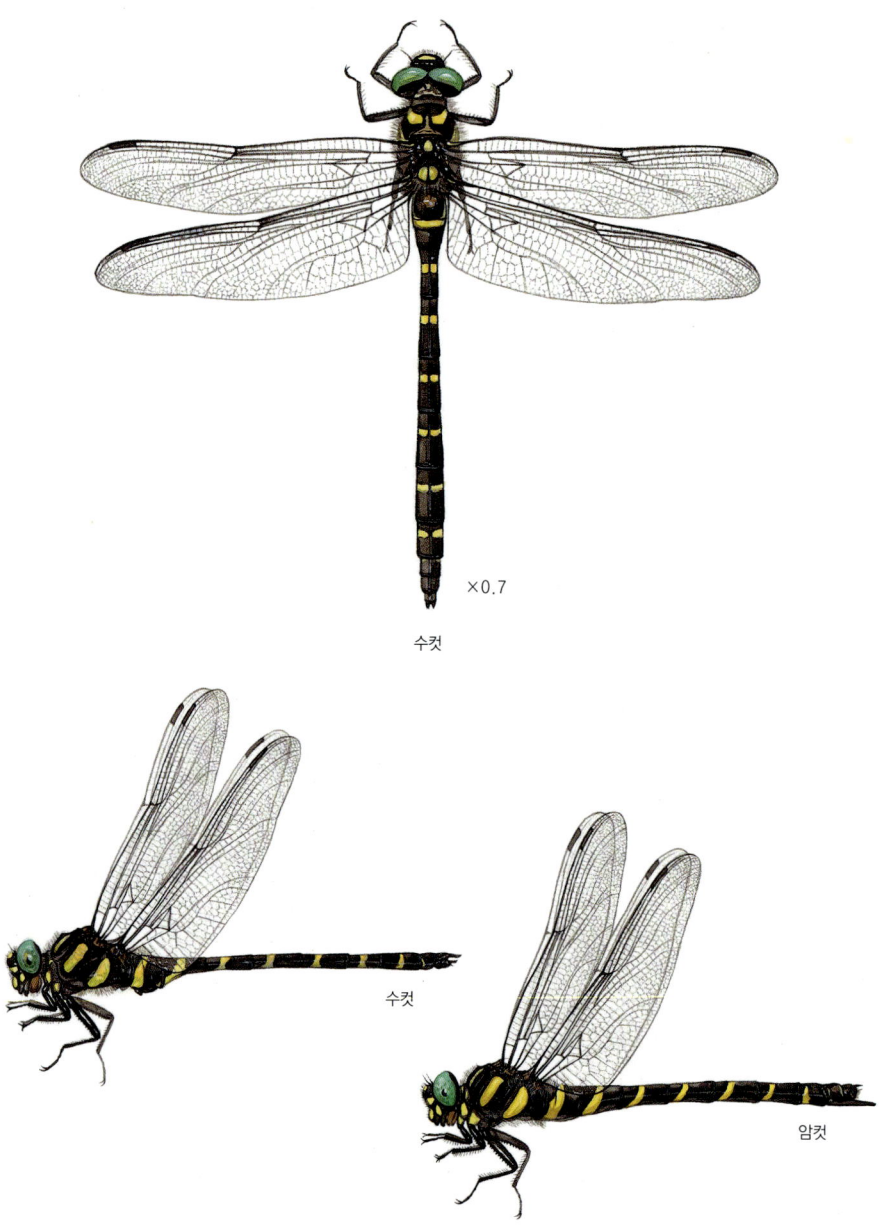

×0.7

수컷

수컷

암컷

장수잠자리는 우리나라에서 사는 잠자리 가운데 몸집이 가장 크다. 암컷이 수컷보다 조금 더 크다. 온몸이 까맣고 옆가슴에 노란 무늬가 두 줄 있다. 배마디에는 노란 무늬가 고리처럼 나 있다. 겹눈은 엷은 파란빛이다. 장수잠자리 무리는 다른 잠자리와 달리 양쪽 겹눈이 서로 점으로 맞붙는다.

장수잠자리는 우리나라 어디에서나 제법 흔하게 볼 수 있다. 6월 중순부터 8월까지 날아다닌다. 몸집은 크지만 작고 좁은 골짜기에 많이 산다. 작은 개울을 위아래로 왔다 갔다 낮게 날아다니며 텃세를 부린다. 숲에서 살기 때문에 들판이나 도시에서는 보기 힘들다. 날아다니는 모기나 나비, 나방 따위를 잡아먹는다. 짝짓기를 마친 암컷은 혼자 여기저기 날아다니며 개울가 모래 속에 꽁무니를 찔러 넣고 알을 낳는다. 한 달쯤 지나면 알에서 애벌레가 깨어 나온다. 애벌레는 물속에서 겨울을 세 번 난다. 날씨가 따뜻한 곳에서는 2~3년, 추운 곳에서는 3~4년을 물속에서 애벌레로 살기도 한다. 다른 잠자리 애벌레보다 애벌레로 사는 기간이 길다. 아마도 산속에 흐르는 차갑고 먹이가 모자란 작은 도랑에서 사는 탓인 것 같다. 알에서 어른벌레가 되는데 서너 해가 걸린다.

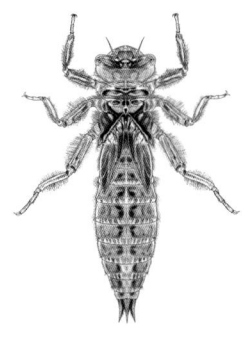

크기 90~105mm
사는 곳 산골짜기
나오는 때 6~8월
분포 제법 흔함
겨울나기 애벌레
알 낳기 혼자, 모래
한살이 수년 1세대

언저리잠자리 범잠자리(북) *Epitheca marginata*

×1
수컷

수컷

암컷

언저리잠자리는 좀체 안 내려앉고 물가 언저리를 맴돈다고 이런 이름이 붙었다. 4월 말부터 6월까지 날아다닌다. 온 나라 어디서나 제법 흔하게 볼 수 있다. 암컷과 수컷 모두 가슴과 배가 까맣고 배 옆으로 노란 무늬가 있다.

언저리잠자리는 물풀이 수북이 자란 연못이나 저수지에서 산다. 수컷은 물 가장자리를 날아다니며 텃세를 부린다. 늘 날아다니고 잘 안 내려앉는다. 암컷이 날아오면 수컷끼리 서로 달려들어 다툰다. 짝짓기 하는 동안에도 다른 수컷이 달려들어 암컷을 채 가려 한다. 하지만 짝짓기가 끝난 암컷이 알을 낳기 시작하면 다른 잠자리와 달리 수컷들이 거들떠도 안 본다.

짝짓기를 마친 암컷은 풀 줄기에 앉아 먼저 꽁무니 끝에 알을 덩어리로 뭉쳐 낳는다. 알 덩어리는 젤리처럼 끈적끈적해서 서로 붙어 안 떨어진다. 배 꽁무니에 알을 다 뭉쳐 낳으면 혼자 물낯을 날아다니다가 알맞은 곳에서 꽁무니를 물낯에 툭 쳐 알 덩어리째 떨어뜨린다. 두 주쯤 지나면 알에서 애벌레가 깨어 나온다. 애벌레는 물속 물풀 둘레에 숨어 있거나 기어 다니면서 작은 물벌레나 물고기를 잡아먹는다. 물속에서 허물을 여러 번 벗으면서 크다가 겨울을 나고 이듬해 봄에 물 밖으로 나와 날개돋이를 한다. 잠자리 가운데 이른 봄에 나오는 편이다.

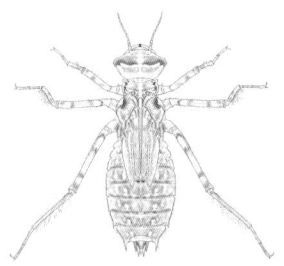

크기 48~53mm
사는 곳 들판 연못
나오는 때 4~6월
분포 제법 흔함
겨울나기 애벌레
알 낳기 혼자, 물낯
한살이 1년 1세대

참북방잠자리 *Somatochlora metallica*

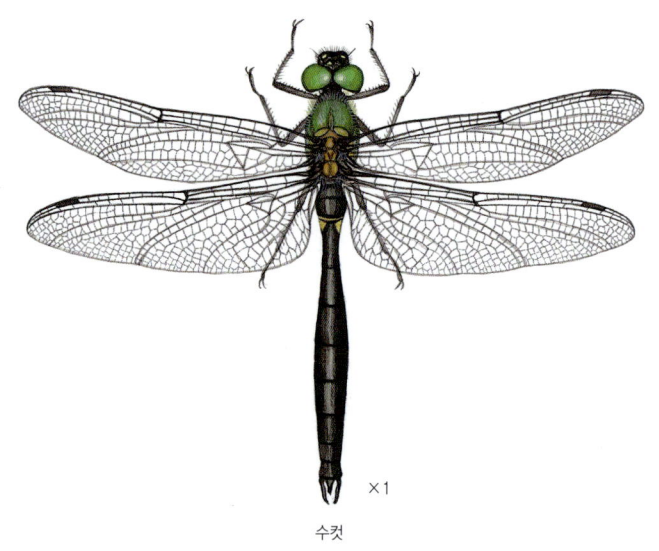

×1
수컷

수컷

암컷

청동잠자리과 북방잠자리속

참북방잠자리는 백두산북방잠자리와 거의 닮았다. 세 번째 배마디 밑에 있는 노란 무늬가 백두산북방잠자리보다 더 크다. 암컷 노란색 무늬는 배마디 반보다 더 크다. 암컷은 옆가슴에 노란 무늬가 없어서 백두산북방잠자리와 다르다. 암컷 꽁무니 밑에 가시처럼 아래로 돋은 산란판은 길고 뾰족하다. 밑노란잠자리와도 닮았는데 참북방잠자리 배가 더 통통하다.

참북방잠자리는 강원도와 충청북도보다 위쪽 지방에서 사는 잠자리다. 산속에 있는 웅덩이나 개울에서 산다. 6월 말부터 9월까지 날아다니는데 아주 드물게 볼 수 있다. 다른 북방잠자리 암컷처럼 짝짓기를 마친 암컷은 혼자 물낯 가까이를 날면서 공중에서 알을 물속에 떨어뜨려 낳는다고 알려졌다. 또 알에서 깨어난 애벌레는 겨울을 두 번 나고 물 밖으로 나와 날개돋이 하는 것 같다. 한살이 사는 모습은 더 밝혀져야 한다.

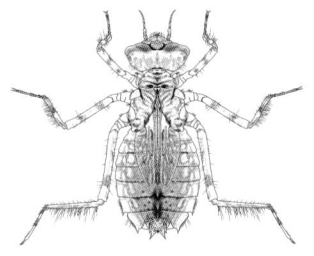

크기 52~56mm
사는 곳 산속 웅덩이, 개울
나오는 때 6~9월
분포 아주 드묾
겨울나기 애벌레
알 낳기 혼자, 공중
한살이 2년 1세대

삼지연북방잠자리

북곤봉잠자리(북) *Somatochlora viridiaen*

×1
수컷

수컷

암컷

삼지연북방잠자리는 북녘에서 사는 잠자리다. 남녘에서는 2003년도에 강원도 고성에서 잡은 적이 있다. 7월 초에서 8월 말까지 드물게 날아다닌다. 북녘에 사는 잠자리여서 아직 사는 모습이 많이 밝혀지지 않았다.

삼지연북방잠자리는 백두산북방잠자리와 생김새가 거의 닮았다. 가슴은 풀빛이고 배는 까맣다. 수컷 옆가슴에 노란 무늬가 없고, 2~3번째 배마디 아래쪽에 노란 무늬가 있다. 수컷 꽁무니에 있는 부속기는 끝이 위쪽으로 휘어진다. 백두산북방잠자리 수컷은 거의 나란히 뻗는다. 암컷 옆가슴에는 노란 줄무늬가 두 줄 있다. 암컷 꽁무니 밑으로 가시처럼 돋은 뾰족한 산란관이 백두산북방잠자리보다는 짧고 밑노란잠자리보다는 조금 길다. 암컷은 배마디 아래쪽에 노란 무늬가 있다.

삼지연북방잠자리는 물풀이 수북이 자란 연못이나 웅덩이에 산다. 짝짓기를 마친 암컷은 혼자 날아다니면서 물 가장자리나 진흙에 알을 떨어뜨려 낳는다. 일주일 안팎으로 알에서 애벌레가 깨어 나온다. 물속에서 애벌레로 겨울을 나고 이듬해 가을까지 허물을 벗으며 큰다. 그리고 겨울을 한 번 더 나고 그 이듬해 여름 들머리에 물 밖으로 나와 날개돋이를 한다. 갓 날개돋이 한 삼지연북방잠자리는 둘레 풀숲에서 한 달쯤 살다가 물가로 날아온다.

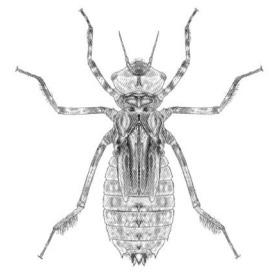

크기 52~56mm
사는 곳 들판 연못, 웅덩이
나오는 때 7~8월
분포 아주 드묾
겨울나기 애벌레
알 낳기 혼자, 물가 진흙
한살이 2년 1세대

밑노란잠자리 누런날개곤봉잠자리(북), 밑누런곤봉잠자리(북)
Somatochlora graeseri

×1

수컷

수컷

암컷

청동잠자리과 북방잠자리속

밑노란잠자리는 삼지연북방잠자리나 백두산북방잠자리와 생김새가 닮았다. 모두 2~3번째 배마디 밑에 노란 무늬가 있다. 암컷 꽁무늬 밑에 가시처럼 아래로 돋은 산란판 길이는 백두산북방잠자리가 가장 길고 밑노란잠자리가 가장 짧다. 암컷과 수컷 모두 머리와 가슴이 푸르스름한 풀빛이고 무늬가 없다. 가슴에는 노란 털이 나 있고 배는 까맣다. 암컷은 날개 뿌리 쪽이 노르스름하다. 제주도에 사는 밑노란잠자리는 날개 뿌리 쪽 노란 무늬가 훨씬 넓고 진하다.

밑노란잠자리는 산속에 있는 작은 연못이나 늪에서 산다. 우리나라 어디서나 볼 수 있다. 6월말부터 9월까지 날아다닌다. 수컷은 연못이나 웅덩이 가장자리를 왔다 갔다 날다가 가끔 제자리에 딱 멈춰 날면서 둘레를 살피며 다른 수컷이 못 오게 지킨다. 수컷이 다가오면 싸워서 쫓아낸다. 암컷이 오면 수컷과 암컷은 둘레에 있는 풀숲으로 들어가 짝짓기를 한다. 짝짓기를 마치면 암컷 혼자 물가를 날면서 물낯 가까이에서 알을 뿌리듯 물속으로 떨어뜨려 낳는다. 일주일쯤 지나면 알에서 애벌레가 깨어 나온다. 애벌레는 물속에서 작은 물벌레를 잡아먹으며 겨울을 두 번 난다. 그리고 여름 들머리에 물 밖으로 나와 날개돋이를 한다.

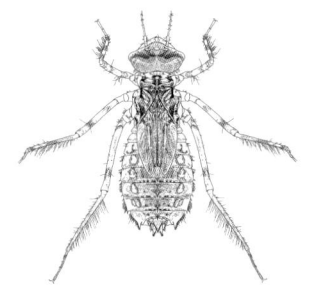

크기 52~56mm
사는 곳 산속 연못, 늪
나오는 때 6~9월
분포 제법 흔함
겨울나기 애벌레
알 낳기 혼자, 공중
한살이 2년 1세대

백두산북방잠자리

넓은날개곤봉잠자리(북) *Somatochlora clava*

×1
수컷

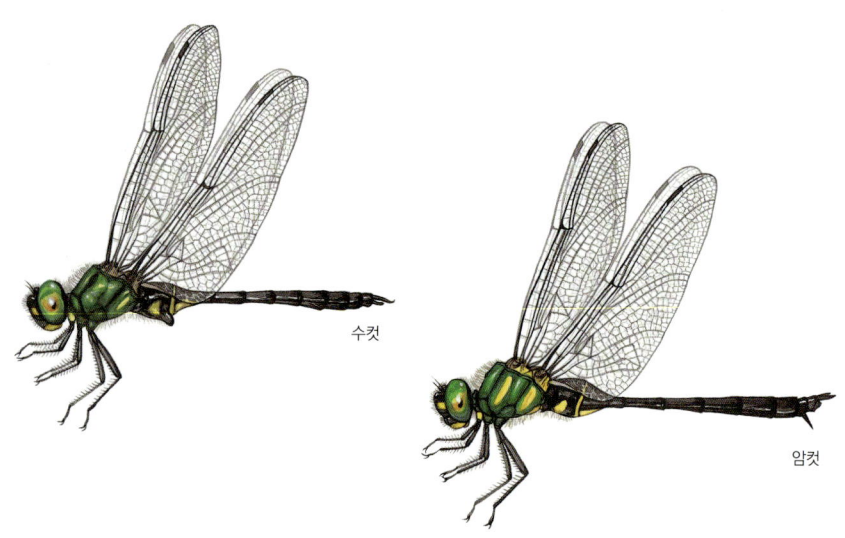

수컷

암컷

청동잠자리과 북방잠자리속

　백두산북방잠자리는 1993년에 백두산 천지 둘레에서 처음 찾았다고 이런 이름이 붙었다. 북녘에서 본 기록만 있다가 그 뒤로 우리나라 중부와 남부 지방, 제주도에서도 찾았다. 일본에서는 흔하게 볼 수 있는 잠자리지만 우리나라에서는 드물게 보인다. 6월 말부터 9월까지 날아다닌다.

　백두산북방잠자리는 머리와 가슴이 푸르스름한 청동색이다. 배는 까맣고 2~3번째 배마디 아래쪽에 작은 노란 무늬가 있다. 배는 세 번째 배마디까지 굵다가 가늘어지고 꽁무니로 갈수록 곤봉처럼 불룩해진다. 암컷 꽁무니 밑에 돋은 산란판은 가시처럼 뾰족하고 9~10번째 배마디 길이를 합친 만큼 매우 길다.

　백두산북방잠자리는 산속에 있는 작은 웅덩이나 개울에서 산다. 수컷은 물 가장자리나 둘레에 있는 빈터에서 5~8m 높이로 천천히 날아다닌다. 오랫동안 한 자리에 멈춰 날면서 암컷을 기다리기도 한다. 짝짓기를 마친 암컷은 혼자 돌아다니며 물낯 위에서 알을 뿌리듯 떨어뜨리며 낳는다. 일주일쯤 지나면 알에서 애벌레가 깨어 나온다. 애벌레는 물속에서 허물을 벗고 작은 물속 동물을 잡아먹고 살면서 두 해 겨울을 넘긴다. 그 이듬해 여름 들머리에 물 밖으로 나와 날개돋이를 한다. 아직 덜 컸을 때는 옆가슴에 노란 줄무늬가 두 줄 있지만 다 큰 수컷은 사라지거나 거의 안 보인다.

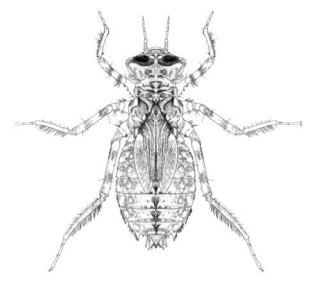

크기 52~56mm
사는 곳 산속 웅덩이, 개울
나오는 때 6~9월
분포 드묾
겨울나기 애벌레
알 낳기 혼자, 공중
한살이 2년 1세대

산잠자리

큰산잠자리(북) *Epophthalmia elegans*

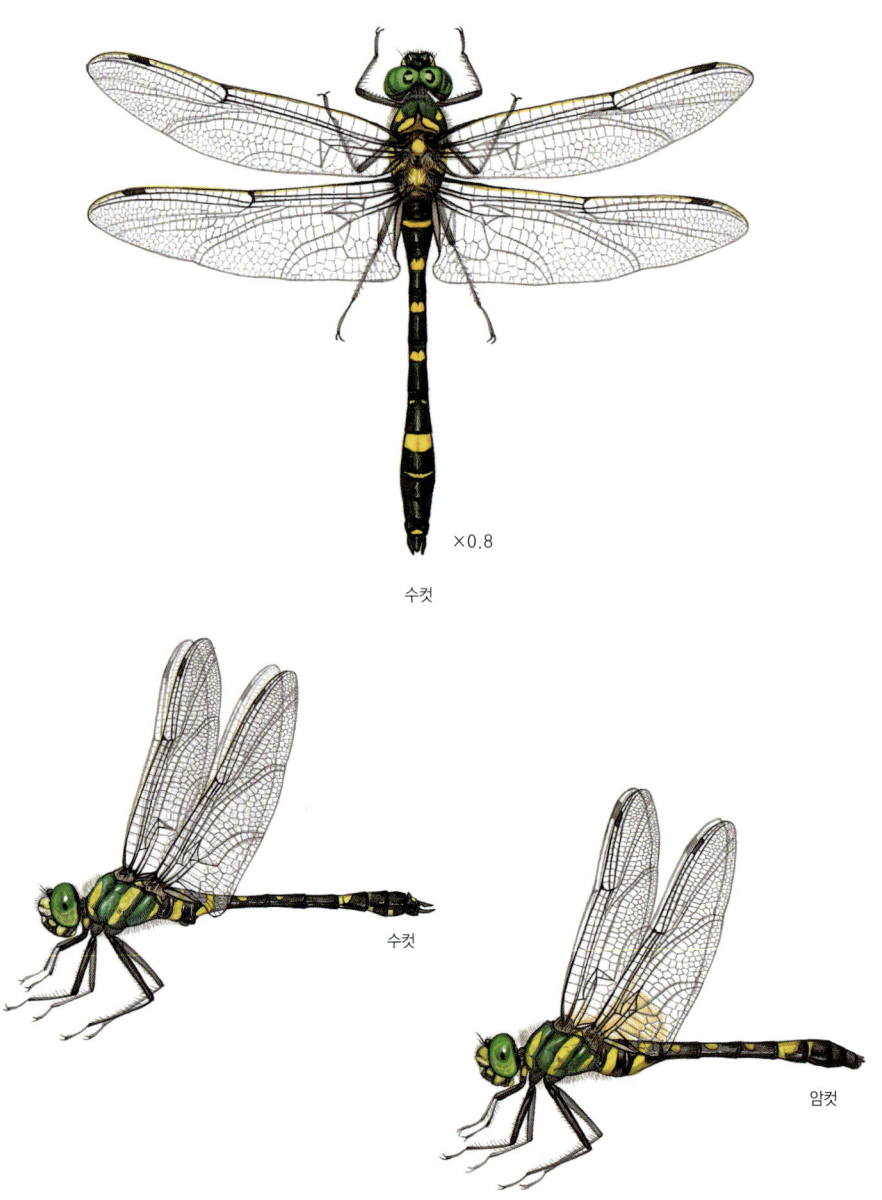

×0.8

수컷

수컷

암컷

잔산잠자리과 산잠자리속

산잠자리는 이름은 산잠자리지만 산보다는 넓은 못이나 저수지, 호수에서 흔하게 볼 수 있다. 우리나라 어디서나 산다. 5월 중순부터 9월까지 날아다닌다.

산잠자리는 겹눈이 밝은 풀색이고 가슴은 청동빛에 누런 줄무늬가 있다. 얼굴에는 하얀 줄무늬가 두 줄 있다. 2~7번째 배마디 등 쪽에 노란 무늬가 있는데, 7번째 배마디에 있는 노란 띠가 굵고 넓다. 수컷 3번째 배마디 옆에 있는 노란 무늬는 거꾸로 된 'ㄴ' 자 꼴이다. 꽁무니는 곤봉처럼 불룩하다.

산잠자리는 덩치도 크고 힘도 세다. 자기가 사는 못이나 저수지 물가에서 왔다 갔다 날아다니면서 사는 곳을 지킨다. 작은 연못은 한 마리가 차지하지만 넓은 저수지에서는 서로 멀찍이 거리를 두고 여러 마리가 자기 사는 곳을 지킨다. 몸집이 작은 밀잠자리나 고추잠자리가 자기 사는 곳에 들어오면 크게 신경 안 쓰지만, 왕잠자리처럼 커다란 잠자리가 들어오면 사납게 달려들어 쫓아낸다. 짝짓기를 마친 암컷은 혼자 물풀이 우거진 물가를 옮겨 다니며 꽁무니를 가볍게 물낯에 톡톡 치면서 알을 낳는다. 한 달쯤 지나면 알에서 애벌레가 깨어 나온다. 애벌레는 물속 바닥에서 산다. 물속에서 두 해를 넘기고 5월이 되면 물 밖으로 나와 날개돋이를 한다.

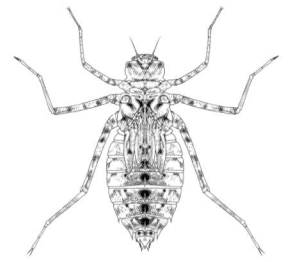

크기 72~76mm
사는 곳 들판 저수지, 못, 호수
나오는 때 5~9월
분포 아주 흔함
겨울나기 애벌레
알 낳기 혼자, 물낯
한살이 2년 1세대

잔산잠자리 작은메잠자리(북), 멧잠자리 *Macromia amphigena*

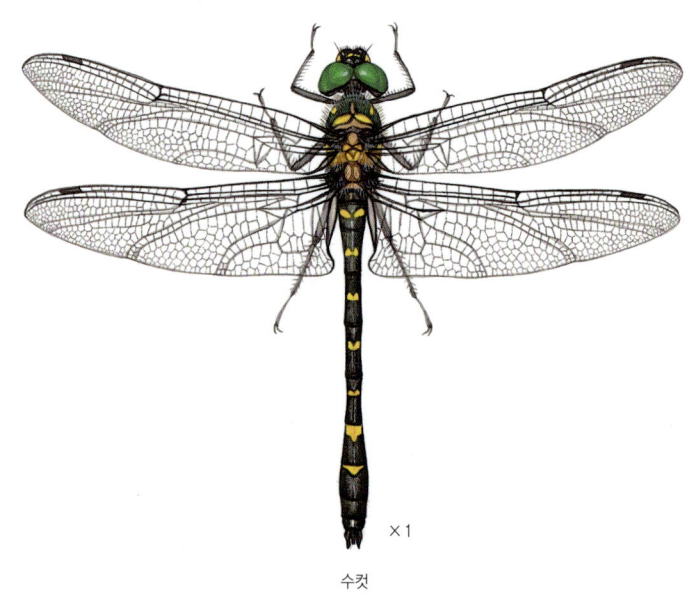

×1
수컷

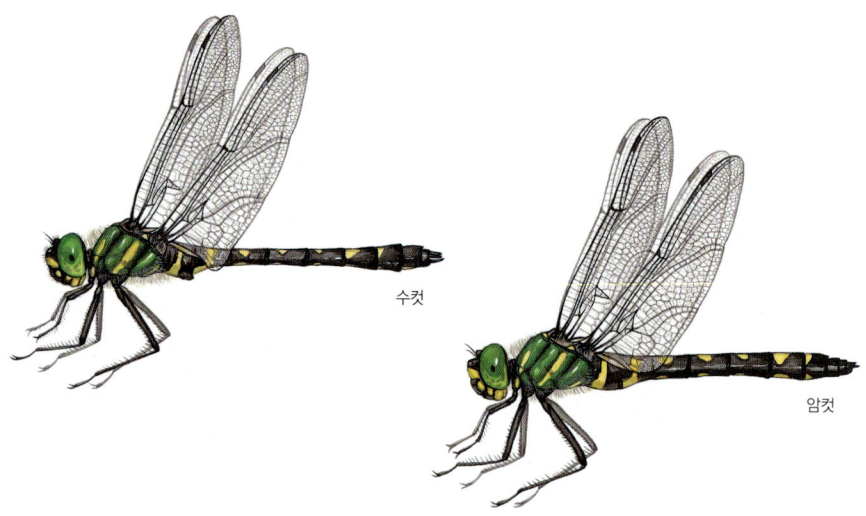

수컷

암컷

잔산잠자리과 잔산잠자리속

잔산잠자리는 산잠자리와 똑 닮았다. 산잠자리는 널찍한 저수지나 못에 살지만, 잔산잠자리는 느릿느릿 흐르는 강이나 내에서 산다. 산잠자리는 앞 얼굴에 하얀 줄무늬가 두 줄 있지만, 잔산잠자리는 노란 줄무늬가 한 줄 있다. 가슴은 청동빛이 나는데 등가슴과 옆가슴에 노란 줄무늬가 있다. 배는 까맣고 2~8번째 배마디에 노란 무늬가 있다. 2~3번째 배마디에 있는 노란 무늬는 위아래가 둥그렇게 이어지지만, 4~8번째 배마디 무늬는 배 옆에서 끊어져 위아래로 나뉜다.

잔산잠자리는 우리나라 어디에서나 살지만 보기 드물다. 북쪽 함경도 삼지연에서 남쪽 대구, 곡성까지 볼 수 있고 일본과 몽골, 시베리아에서도 산다. 5월 중순부터 8월까지 날아다닌다. 수컷은 오후 늦게 나와 강이나 내 가장자리를 따라 왔다 갔다 날아다닌다. 그러다 암컷을 만나면 풀숲에 들어가 짝짓기를 한다. 짝짓기를 마치면 암컷은 혼자 물풀이 수북이 자란 물가를 옮겨 다니면서 꽁무니를 물낯에 톡톡 치며 알을 낳는다. 한 달쯤 지나면 알에서 애벌레가 깨어 나온다. 물속에서 두 해 겨울을 넘기고 5월에 물 밖에 나와 날개돋이를 한다.

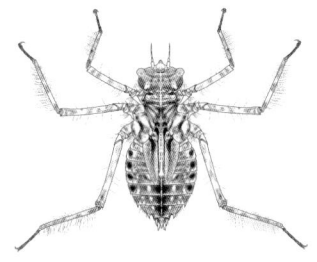

크기 68~72mm
사는 곳 강
나오는 때 5~8월
분포 드묾
겨울나기 애벌레
알 낳기 혼자, 물낯
한살이 2년 1세대

노란잔산잠자리 노란멧잠자리 *Macromia daimoji*

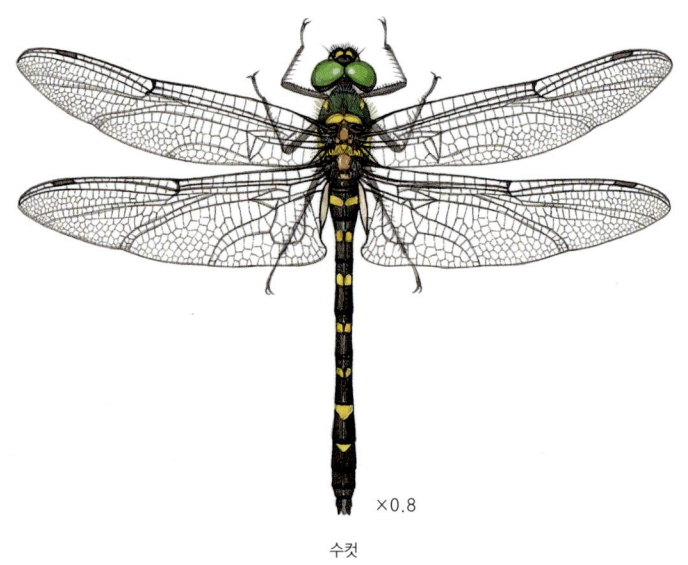

×0.8

수컷

수컷

암컷

잔산잠자리과 잔산잠자리속

　노란잔산잠자리는 잔산잠자리와 똑 닮았는데, 세 번째 배마디에 있는 노란 무늬가 위아래로 끊어져 있어서 잔산잠자리와 다르다. 1964년에 처음 찾았다. 아주 드물다. 요즘에 애벌레가 사는 물가 모래를 퍼 나르면서 살 곳이 없어져서 멸종 위기 종이 되었다. 5월 말부터 8월까지 날아다닌다.

　사는 모습은 잔산잠자리와 거의 같다. 하지만 잔산잠자리는 풀이 수북하게 자란 물가에서 살고, 노란잔산잠자리는 모래가 쌓인 물가에서 산다. 내 같은 물줄기 중류와 하류에서 산다. 수컷은 물 가장자리를 오르내리며 날아다니고, 암컷은 물가 둘레에 있는 넓은 빈터에서 날아다닌다. 짝짓기를 하면 암컷 혼자 모래가 많이 쌓여 있는 물가에서 꽁무니를 물낯에 톡톡 치면서 알을 낳는다. 한 달쯤 지나면 알에서 애벌레가 깨어 나온다. 애벌레는 물속 모랫바닥 속에 들어가 산다. 두 해를 물속에서 보내고 봄에 물 밖으로 나와 날개돋이를 한다.

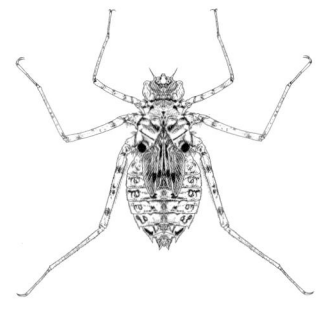

크기 68 ~ 72mm
사는 곳 강 중, 하류
나오는 때 5 ~ 8월
분포 아주 드묾
겨울나기 애벌레
알 낳기 혼자, 물낯
한살이 2년 1세대

만주잔산잠자리 만주멧잠자리 *Macromia manchurica*

×1

수컷

수컷

암컷

잔산잠자리과 잔산잠자리속

　만주잔산잠자리는 잔산잠자리와 똑 닮았다. 만주에서 처음 찾아서 이런 이름이 붙었다. 잔산잠자리는 4~8번째 배마디 노란 무늬가 위아래로 끊어졌는데, 만주잔산잠자리는 위아래로 동그랗게 고리처럼 이어진다. 또 잔산잠자리는 앞 얼굴 머리 위쪽에 노란 줄무늬가 있는데, 만주잔산잠자리는 없다. 사는 모습은 잔산잠자리와 거의 닮았다.

　만주잔산잠자리는 물살이 느릿느릿 흐르는 강에 산다. 우리나라 어디에나 살지만 아주 드물다. 5월 중순부터 8월까지 날아다닌다. 수컷은 물이 머무는 곳 가운데를 날아다니며 작은 날벌레를 잡아먹고 암컷을 찾는다. 암컷은 알 낳을 때가 아니면 거의 보기 힘들다. 짝짓기를 마친 암컷은 아침이나 해거름에 나와 알을 낳는다. 물풀이 수북이 자란 물가에서 혼자 꽁무니로 물낯을 툭툭 치면서 알을 낳는다. 한 달쯤 지나면 알에서 애벌레가 깨어 나온다. 두 해를 물속에서 지내고 봄에 물 밖으로 나와 날개돋이를 한다.

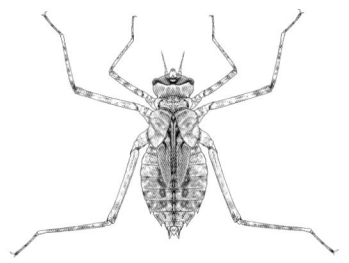

크기 68~72mm
사는 곳 강
나오는 때 5~8월
분포 아주 드묾
겨울나기 애벌레
알 낳기 혼자, 물낯
한살이 2년 1세대

대모잠자리 호박점잠자리(북) *Libellula angelina*

×1
수컷

수컷

암컷

대모잠자리는 날개 뿌리 쪽과 가운데, 끄트머리에 까만 무늬가 띄엄띄엄 있다. 이 무늬가 바다에 사는 대모거북 등 무늬와 닮았다고 '대모' 라는 이름이 붙었다. 남부 지방 서해 바닷가와 가까운 연못이나 늪에서 드물게 볼 수 있다. 4월 중순부터 6월까지 날아다닌다.

대모잠자리는 들판에 갈대 같은 물풀이 우거지고 물속에 갈대가 썩어 켜켜이 쌓인 오래된 연못이나 늪에서 산다. 연못 둘레에서 자기 사는 곳을 지키며 날아다니다가 갈대 줄기에 곧잘 앉는다. 암컷이 나타나면 잡아채어 짝짓기를 한다. 짝짓기는 5초 안팎으로 짧은 시간에 이루어진다. 짝짓기를 마친 암컷은 혼자 날면서 물낯에 꽁무니를 두드리며 알을 낳는다. 수컷은 암컷 가까이에서 알 낳는 암컷을 지킨다. 물속에 떨어진 알에서 일주일쯤 지나면 애벌레가 깨어 나온다. 애벌레는 물속에서 열두 번 허물을 벗는다. 다 자란 뒤 겨울을 나고 이듬해 봄에 물 밖으로 나와 날개돋이 한다. 요즘에는 연못과 늪을 파헤치고 메우면서 대모잠자리가 빠르게 사라지고 있다. 2012년부터 멸종 위기 종으로 정해 지키고 있다.

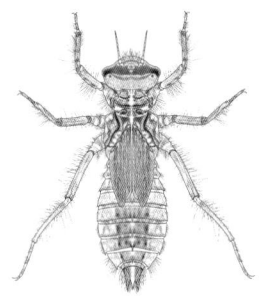

크기 38 ~ 43mm
사는 곳 바닷가 연못, 늪
나오는 때 4 ~ 6월
분포 드묾
겨울나기 애벌레
알 낳기 혼자, 물낯
한살이 1년 1세대

넉점박이잠자리 네점잠자리(북) *Libellula quadrimaculata*

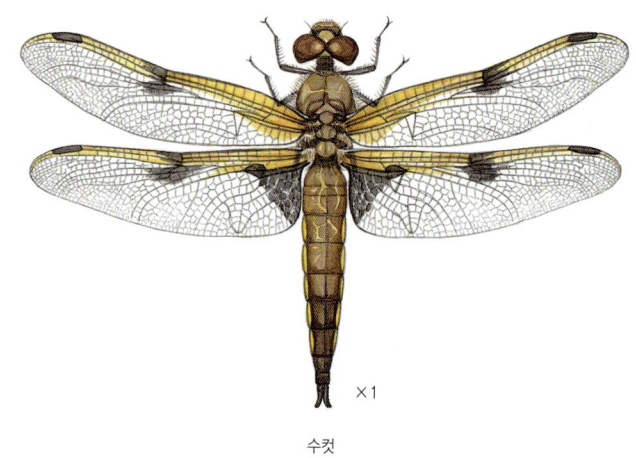

×1

수컷

수컷

암컷

잠자리과 대모잠자리속

양쪽 날개에 까만 무늬가 네 개 있다고 '넉점박이' 라는 이름이 붙었다. 언뜻 보면 대모잠자리랑 닮았다. 가끔 대모잠자리와 짝짓기 한다. 대모잠자리처럼 물풀이 수북하게 자란 연못이나 늪에서 사는데, 바닷가부터 1,000m가 넘는 높은 산 늪에서도 산다. 우리나라 어디에서나 볼 수 있는데 중부와 북부 지방에 더 많다. 4월 말부터 7월까지 날아다니고, 높은 산에서는 8월까지 볼 수 있다. 한낮까지 많이 날아다니다가 오후가 되면 숲으로 들어가 쉰다.

넉점박이잠자리 수컷은 자기 사는 곳 둘레를 빙빙 돌며 지킨다. 그러다 다른 수컷이 들어오면 사납게 싸운다. 자기보다 덩치가 두 배나 더 큰 왕잠자리나 먹줄왕잠자리가 들어와도 재빠르게 날아가 사정없이 덤벼들어 쫓아낸다. 암컷이 오면 잽싸게 낚아챈 뒤 날아가며 짝짓기를 한다. 짝짓기는 5초 안팎으로 짧은 시간에 이루어진다. 짝짓기가 금방 끝나기 때문에 다른 수컷에게 암컷을 빼앗길까 봐 짝짓기를 마친 수컷은 알 낳는 암컷을 곁에서 지킨다. 때때로 암컷을 가로채려는 다른 수컷과 사납게 싸운다. 짝짓기를 마친 암컷은 혼자 물풀 둘레를 돌아다니면서 물낯에 꽁무니를 톡톡 치며 알을 낳는다. 일주일쯤 지나면 알에서 애벌레가 깨어 나온다. 애벌레는 물속에서 가을까지 다 큰 뒤 겨울을 난다. 이듬해 봄에 물 밖으로 나와 날개돋이 한다.

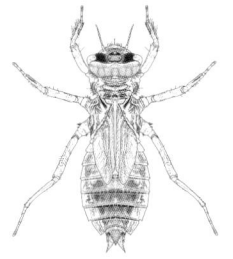

크기 40 ~ 44mm
사는 곳 바닷가, 들, 산속 연못, 늪
나오는 때 4 ~ 8월
분포 흔함
겨울나기 애벌레
알 낳기 혼자, 물낯
한살이 1년 1세대

밀잠자리 흰잠자리(북) *Orthetrum albistylum speciosum*

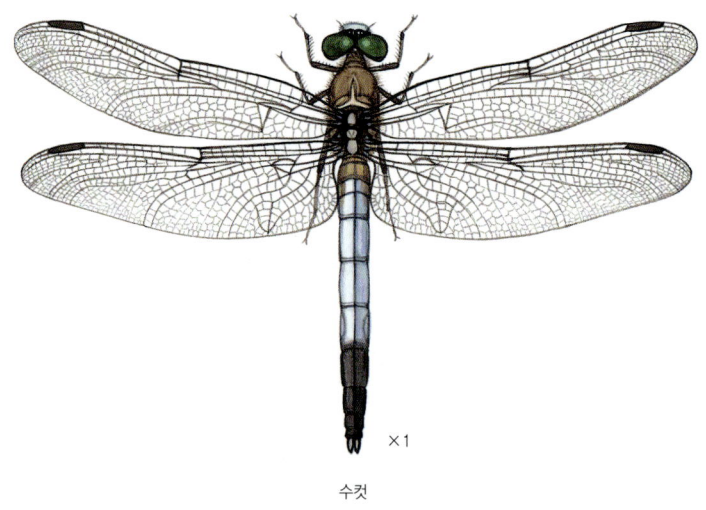

수컷 ×1

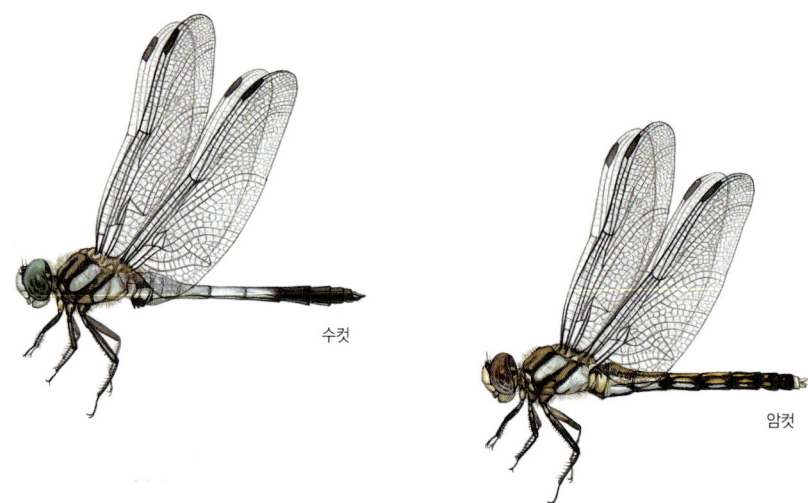

수컷   암컷

잠자리과 밀잠자리속

밀잠자리는 한여름에 우리나라 어디에서나 흔하게 볼 수 있는 잠자리다. 4월 말부터 10월까지 날아다니는데 6~8월에 가장 많다. 다른 잠자리와 달리 한꺼번에 날개돋이 해서 나오지 않고 봄부터 늦여름까지 꾸준히 날개돋이 한다.

밀잠자리는 아직 덜 큰 암컷과 수컷 몸빛이 연한 밤색이다. 다 크면 수컷 1~6번째 배마디는 밀가루 같은 하얀 가루가 낀 푸르스름한 잿빛으로 바뀌고, 7~10번째 배마디와 꽁무니 부속기는 까맣다. 암컷은 색이 바뀌지 않고 그대로다.

밀잠자리 수컷은 연못이나 저수지처럼 물이 고인 곳 가장자리를 왔다 갔다 날아다니며 자기 사는 곳을 지킨다. 물가 모랫바닥이나 돌, 나뭇가지, 풀 줄기에도 곧잘 내려앉아 다른 수컷이 못 들어오게 지키고 암컷을 기다린다. 암컷은 물가 풀숲이나 숲 속에서 살다가 짝짓기를 하러 물가로 날아온다. 암컷이 나타나면 바닥이나 바위, 풀 위에 앉아 짝짓기를 한다. 짝짓기를 마친 암컷은 혼자 물가를 날아다니면서 꽁무니로 물낯을 튀기며 알을 떨어뜨려 낳는다. 수컷은 알 낳는 암컷 위를 날면서 다른 수컷이 가까이 못 오게 지킨다. 일주일쯤 지나면 물속에 낳은 알에서 애벌레가 깨어 나온다. 애벌레로 물속에서 겨울을 나고 봄부터 늦여름까지 물 밖에 나와 날개돋이 한다. 애벌레는 냄새가 날 정도로 더러운 물에서도 잘 견디며 산다.

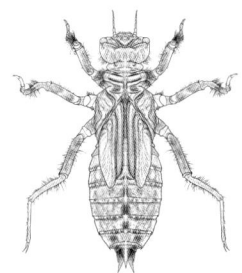

크기 48~54mm
사는 곳 들판 연못, 저수지
나오는 때 4~10월
분포 아주 흔함
겨울나기 애벌레
알 낳기 혼자, 물낯
한살이 1년 1세대

중간밀잠자리 소금쟁이흰잠자리(북) *Orthetrum japonicum internum*

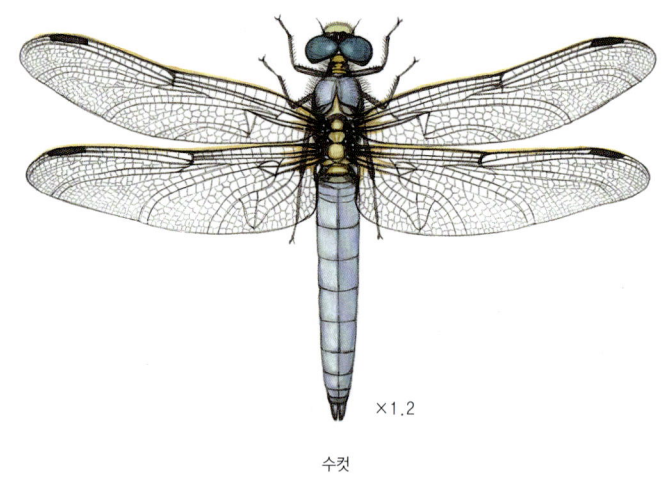

×1.2

수컷

수컷

암컷

잠자리과 밀잠자리속

　중간밀잠자리는 밀잠자리와 닮았는데 몸이 더 굵고 짧다. 중간밀잠자리 수컷은 밀잠자리 수컷과 달리 배 끄트머리만 까맣다. 암컷은 배 옆에 있는 까만 줄무늬가 밀잠자리 암컷보다 더 굵다. 또 옆가슴에 있는 까만 줄무늬도 밀잠자리보다 더 굵다. 암컷과 수컷은 아직 덜 컸을 때는 연한 밤색인데, 수컷은 크면서 등가슴과 배가 푸르스름한 잿빛으로 바뀐다. 암컷은 몸빛이 안 바뀌고 그대로다. 암수 모두 옆가슴은 노랗고, 까만 줄무늬가 굵다.

　중간밀잠자리는 우리나라 어디에서나 흔히 볼 수 있다. 5월 초부터 6월까지 날아다닌다. 논두렁이나 농사를 안 짓는 논처럼 물이 깊지 않은 곳에서 산다. 수컷은 자기 사는 곳을 낮고 빠르게 왔다 갔다 날아다니면서 지키는데 사는 곳이 그리 넓지 않다. 암컷이 나타나면 사는 곳 둘레를 돌아다니며 바닥이나 풀 줄기에 앉아 짝짓기를 한다. 짝짓기를 마친 암컷은 혼자 낮게 날면서 꽁무니를 물낯에 톡톡 치며 물속에 알을 낳는다. 알을 낳는 암컷 위에서 수컷이 지킨다. 일주일쯤 지나면 알에서 애벌레가 깨어 나온다. 애벌레는 진흙 속에 몸을 숨기고 있어서 눈에 잘 안 띈다. 애벌레는 가을까지 다 크고 물속에서 겨울을 난다. 이듬해 봄에 물 밖으로 나와 날개돋이 한다.

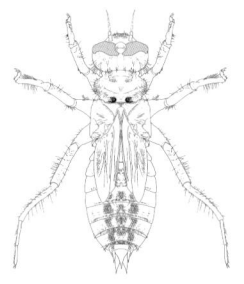

크기 40∼43mm
사는 곳 들판 논두렁, 무논
나오는 때 5∼6월
분포 흔함
겨울나기 애벌레
알 낳기 혼자, 물낯
한살이 1년 1세대

큰밀잠자리 큰흰잠자리(북) *Orthetrum melania*

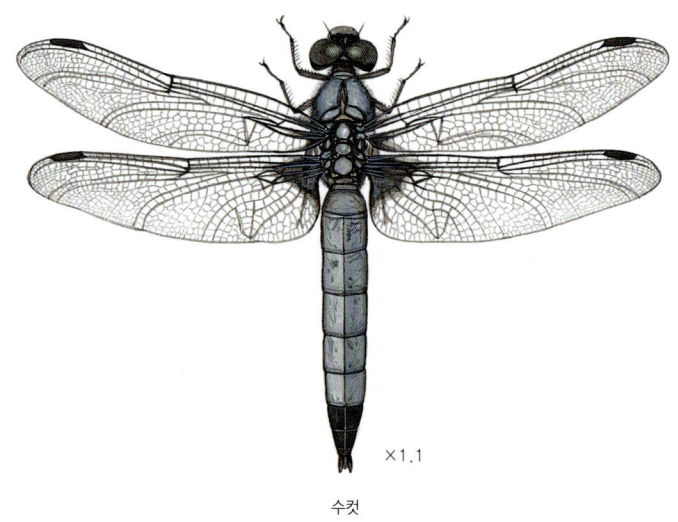

×1.1

수컷

수컷

암컷

잠자리과 밀잠자리속

큰밀잠자리는 밀잠자리 무리 가운데 몸집이 가장 크다. 밀잠자리와 중간밀잠자리와 닮았지만, 큰밀잠자리 수컷은 온몸이 푸르스름한 잿빛이고 날개 뿌리 쪽이 삼각꼴로 까맣다. 또 꽁무니 끝 세 마디만 까맣다. 암컷은 온몸이 노랗고 까만 무늬가 있는데, 날개 끄트머리가 거무스름하다. 아직 덜 자란 암컷과 수컷은 노란 몸빛에 까만 줄무늬가 있다. 수컷은 크면서 온몸이 까맣게 바뀌었다가 옆가슴 줄무늬가 사라지고, 온 가슴과 배가 푸르스름한 잿빛으로 바뀐다.

큰밀잠자리는 우리나라 어디에서나 흔하게 볼 수 있다. 5월 말부터 8월까지 날아다닌다. 논두렁이나 늪, 물이 흘러들어 오는 연못처럼 물이 느릿느릿 흐르는 곳에서 많이 산다. 자기 사는 둘레를 왔다 갔다 날아다니다가 암컷이 오면 잡아채서 이리저리 옮겨 다니며 짝짓기를 한다. 짝짓기를 마치면 암컷 혼자 물낯에 배를 탁탁 부딪치며 알을 낳는다. 수컷은 알 낳는 암컷 위에서 제자리 날며 암컷을 지킨다. 일주일쯤 지나면 알에서 애벌레가 깨어 나온다. 애벌레는 물속 진흙 속에 몸을 숨긴다. 물속에서 다 자란 애벌레는 겨울을 넘기고 이듬해 봄에 물 밖으로 나와 날개돋이 한다.

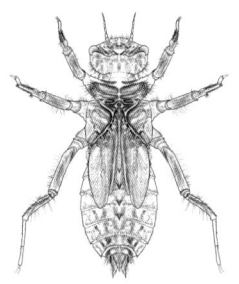

크기 51~53mm
사는 곳 들판 논두렁, 늪, 연못
나오는 때 5~8월
분포 흔함
겨울나기 애벌레
알 낳기 혼자, 물낯
한살이 1년 1세대

홀쭉밀잠자리 *Orthetrum lineostigma*

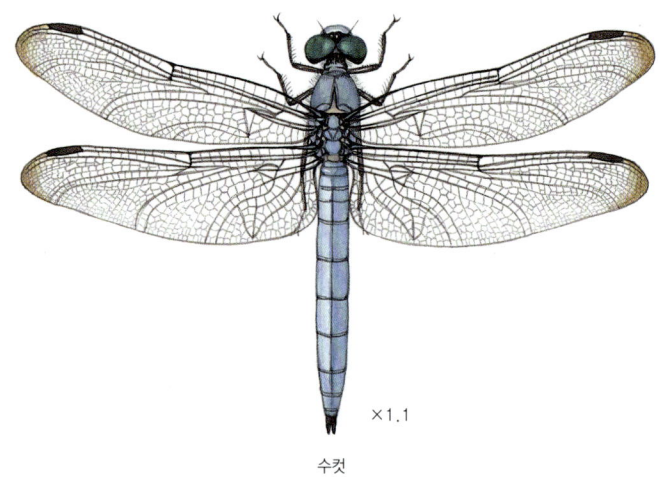

×1.1

수컷

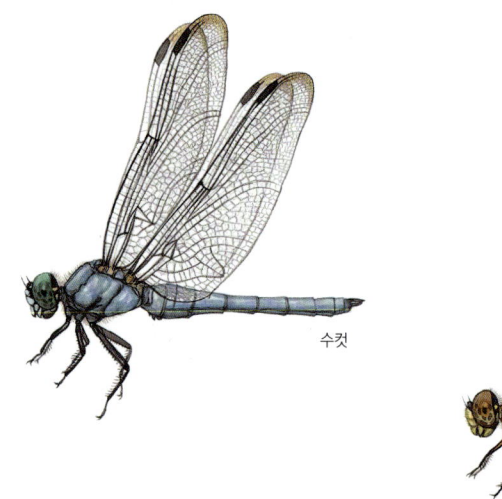

수컷

암컷

잠자리과 밀잠자리속

홀쭉밀잠자리는 다른 밀잠자리와 달리 암컷과 수컷 모두 날개 끝이 거무스름하다. 수컷 몸빛은 다른 밀잠자리 수컷처럼 암컷과 같은 연한 밤색이었다가 푸르스름한 잿빛으로 바뀐다. 중간밀잠자리 수컷과 닮았지만 더 홀쭉하다. 암컷은 날개 앞쪽 가장자리가 노랗다.

홀쭉밀잠자리는 물이 흐르는 작은 냇가에서 산다. 우리나라 어디서나 볼 수 있지만 드물다. 6월 초부터 8월까지 날아다닌다. 수컷은 낮게 날면서 자기 사는 곳을 지킨다. 날아다니다가 땅바닥이나 나뭇가지 끝이나 풀 줄기 끝에 잘 내려앉는다. 암컷이 오면 자기 사는 곳 둘레를 옮겨 다니면서 짝짓기를 한다. 짝짓기를 마치면 암컷 혼자 물이 느릿느릿 흐르는 작은 냇가를 낮게 날면서 물낯에 꽁무니를 톡톡 치며 알을 낳는다. 일주일쯤 지나면 알에서 애벌레가 깨어 나온다. 애벌레는 물속에서 겨울을 나고 이듬해 여름 들머리에 물 밖으로 나와 날개돋이 한다. 날개돋이 한 뒤에는 둘레 숲 속에서 살면서 어른이 된다. 애벌레를 보기 힘들어서 사는 모습은 더 밝혀져야 한다.

크기 45~47mm
사는 곳 들판 냇가, 연못, 무논
나오는 때 6~8월
분포 드묾
겨울나기 애벌레
알 낳기 혼자, 물낯
한살이 1년 1세대

배치레잠자리 넓은배잠자리(북) *Lyriothemis pachygastra*

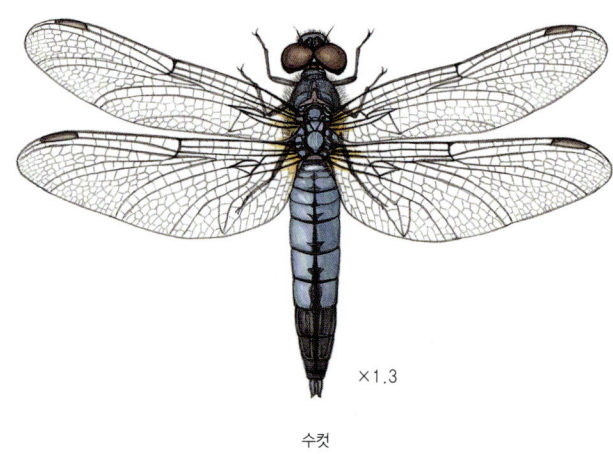

×1.3

수컷

수컷

암컷

잠자리과 배치레잠자리속

배치레잠자리는 다른 잠자리보다 배가 넓적하고 위아래로 납작하다. 수컷은 배가 파랗고 암컷은 누르스름해서 모습이 사뭇 다르다. 아직 덜 자란 암컷과 수컷은 모두 몸빛이 누렇다. 수컷은 앞에서 보면 이마가 파랗고 얼굴이 노랗다. 수컷은 눈이 까맣고 암컷은 누렇다. 잠자리 가운데 몸집이 작은 편이다.

배치레잠자리는 우리나라 어디서나 흔하게 볼 수 있다. 5월부터 9월까지 날아다닌다. 들판에 물풀이 우거진 작은 웅덩이나 늪에서 산다. 수컷은 자리를 잡고 자기 둘레에 다른 수컷이 들어오면 매섭게 싸운다. 서로 좋은 곳을 차지하려고 쉴 새 없이 싸우다가도 자기들보다 덩치 큰 밀잠자리가 들어오면 함께 달려들어 쫓아낸다. 그리고는 또 자기들끼리 텃세를 부리며 싸운다. 암컷이 날아오면 암컷을 서로 차지하려고 또 싸운다. 그래서 암컷을 만나면 풀숲에 숨어 짝짓기를 한다. 짝짓기를 마친 암컷은 혼자 물낯 위를 날면서 배 꽁무니로 물을 치면서 알을 낳는다. 일주일쯤 지나면 알에서 애벌레가 깨어 나온다. 애벌레는 물속에서 겨울을 나고 이듬해 봄에 물 밖으로 나와 날개돋이 한다.

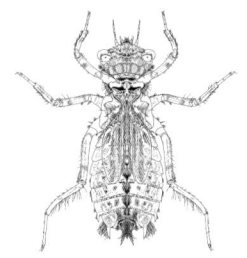

크기 34~38mm
사는 곳 들판 웅덩이, 늪
나오는 때 5~9월
분포 흔함
겨울나기 애벌레
알 낳기 혼자, 물낯
한살이 1년 1세대

꼬마잠자리 *Nannophya pygmaea*

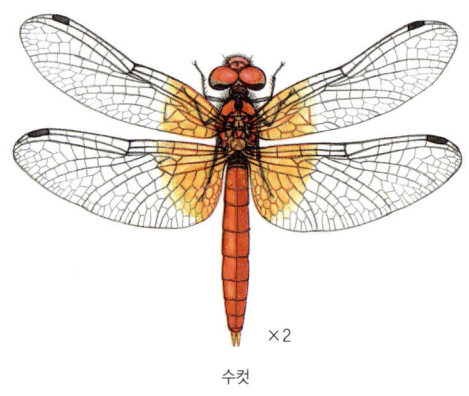

×2
수컷

수컷

암컷

잠자리과 꼬마잠자리속

꼬마잠자리는 이름처럼 세상에서 가장 작은 잠자리다. 크기가 2cm도 안 되서 오백 원짜리 동전보다 작다. 아직 덜 큰 수컷은 밝은 밤색이지만 다 크면 머리, 가슴, 배가 모두 고추잠자리처럼 빨갛게 바뀐다. 암컷은 누런 밤빛이고 옅은 밤색과 까만 줄무늬가 있다. 따뜻한 동남아시아에서 많이 산다. 우리나라에서는 1957년에 충북 속리산에서 처음 찾았다. 그 뒤로 한동안 안 보였는데, 1990년대에 다시 사는 모습을 찾아냈다. 우리나라 남쪽 지방에서 드물게 보이다가 요즘에는 중부지방에서도 가끔 볼 수 있다. 5월 말부터 8월까지 날아다닌다.

꼬마잠자리는 산속에 늘 물이 흘러들어 질척질척하고, 개여뀌나 골풀 같은 작은 풀들이 수북이 난 얕은 늪에서 많이 산다. 버려진 무논에서도 볼 수 있다. 크기가 작은 만큼 사는 곳도 1m 안팎으로 좁다. 수컷은 자기 사는 곳을 왔다 갔다 날아다니다가 풀 위에 자주 앉는다. 암컷은 풀숲에 숨어서 잘 안 보인다. 몸집이 작고 빠르게 날지 않아서 파리매나 거미, 밀잠자리에게 가끔 잡아먹힌다. 암컷이 수컷 사는 곳으로 들어오면 10초도 안 되는 짧은 시간에 짝짓기를 끝낸다. 짝짓기를 마치면 암컷 혼자 날면서 물낯을 꽁무니로 톡톡 두드리며 알을 낳는다. 알에서 깬 애벌레는 물속에 살면서 겨울을 난다. 가뭄으로 물이 말라도 애벌레가 잘 견딘다. 이듬해 봄에 물 밖으로 나와 날개돋이 한다. 수가 적어서 환경부에서 보호종으로 정해 지키고 있다.

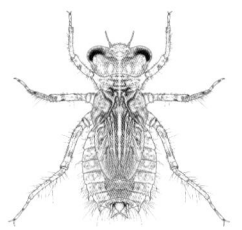

크기 17~19mm
사는 곳 산속 연못, 늪, 무논
나오는 때 5~8월
분포 드묾
겨울나기 애벌레
알 낳기 혼자, 물낯
한살이 1년 1세대

고추잠자리

초파리잠자리(북) *Crocothemis servilia mariannae*

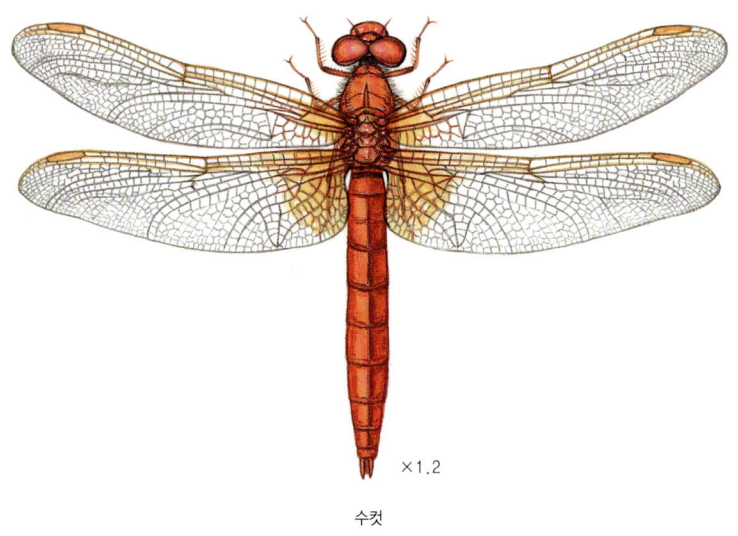

×1.2

수컷

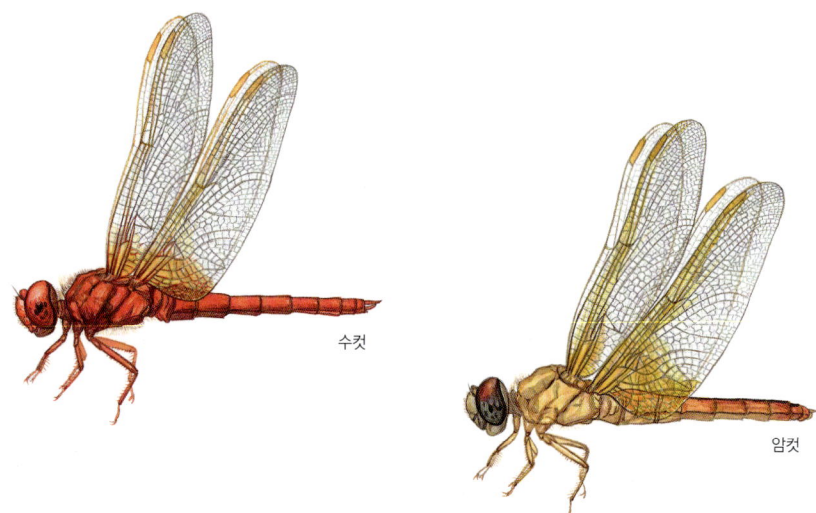

수컷   암컷

잠자리과 고추잠자리속

잘 익은 고추처럼 온몸이 빨갛다고 고추잠자리다. 사람들은 흔히 온몸이 빨간 잠자리를 모두 고추잠자리라고 하지만 이 잠자리만 진짜 고추잠자리다. 덜 자란 암수는 몸빛이 짙은 누런빛이다. 다 자라면 수컷은 얼굴과 배까지 새빨갛게 바뀌고 암컷은 다 자라도 몸빛이 안 바뀐다. 또 날개 앞쪽 가두리와 뿌리 쪽이 누렇다. 남부 지방 밑에 사는 종은 중부지방 위쪽에 사는 종보다 크기가 작고, 수컷 배 등 쪽에 검은 세로 줄무늬가 없다.

고추잠자리는 우리나라 어디에서나 흔하게 볼 수 있다. 물풀이 수북하게 자란 연못이나 저수지에 산다. 5월부터 8월까지 날아다닌다. 자기 사는 곳을 바쁘게 날아다니며 지키다가 풀 위에 잘 내려앉는다. 하지만 사람이 가까이 다가가면 재빨리 눈치채고 달아나는데, 다른 잠자리들은 대부분 곧 제자리로 돌아오지만 고추잠자리는 어김없이 다른 곳으로 날아가 앉는다. 자기 사는 곳에 암컷이 오면 짝짓기를 하는데 몇 초 만에 끝난다. 짝짓기가 끝나면 암컷 혼자 낮게 날아다니면서 꽁무니로 물낯을 톡톡 치며 알을 낳는다. 알을 낳은 암컷은 또 다른 수컷과 짝짓기를 한다. 일주일쯤 지나면 알에서 애벌레가 깨어 나온다. 애벌레는 물속에서 허물을 몇 번 벗고 크다가 겨울을 난다. 이듬해 봄에 물 밖으로 나와 날개돋이를 한다.

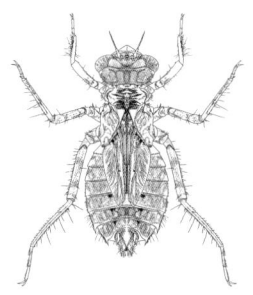

크기 44~50mm
사는 곳 들판 연못, 저수지
나오는 때 5~8월
분포 아주 흔함
겨울나기 애벌레
알 낳기 혼자, 물낯
한살이 1년 1세대

밀잠자리붙이 작은거품띠잠자리(북) *Deielia phaon*

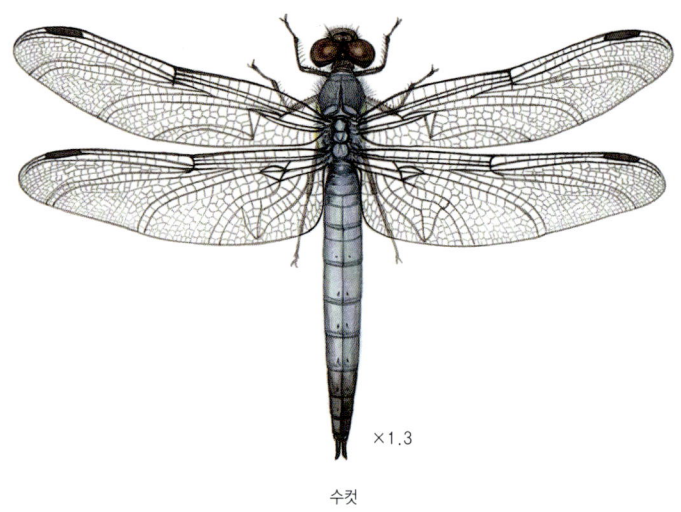

×1.3

수컷

수컷

암컷

잠자리과 밀잠자리붙이속

　밀잠자리붙이는 밀잠자리 무리와 닮았다고 이런 이름이 붙었다. 하지만 옆가슴 무늬가 사뭇 다르다. 덜 자랐을 때는 암수 모두 몸빛이 누렇다. 수컷은 다 크면 온몸이 푸르스름한 잿빛으로 바뀐다. 배 꽁무니는 거무스름하다. 암컷은 몸빛이 많이 안 바뀐다. 가끔 제주도에서는 날개 안쪽 뿌리에 빨간 무늬가 나타나고 날개 끄트머리에 짙은 밤색 띠무늬가 나타나는 암컷도 있다.

　밀잠자리붙이는 우리나라 어디에서나 볼 수 있다. 5월 중순부터 9월까지 날아다닌다. 들판에 있는 연못이나 늪, 저수지에서 산다. 수컷은 물가 둘레에 자란 풀줄기 끝에 내려앉아 암컷을 기다린다. 암컷이 오면 다른 잠자리처럼 수컷이 암컷 뒷머리를 움켜쥐고, 암컷은 꽁무니를 수컷 배에 댄 채 동그랗게 몸을 말아 짧은 시간에 짝짓기를 한다. 짝짓기를 마치면 암컷 혼자 물낯 가까이를 날면서 꽁무니를 톡톡 치며 알을 낳는다. 수컷은 암컷 가까이에서 날며 암컷을 지킨다. 수컷이 곁을 지켜도 가끔 다른 수컷이 달려들어 암컷을 채 가기도 한다. 물속에 낳은 알에서 일주일쯤 지나면 애벌레가 깨어 나온다. 애벌레는 물속에서 작은 물벌레를 잡아먹고 허물을 몇 번 벗으며 겨울을 난다. 이듬해 5월에 물 밖으로 나와 마지막 허물을 벗고 날개돋이 한다.

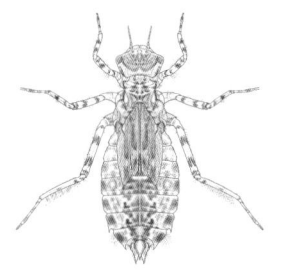

크기　42~48mm
사는 곳　들판 연못, 늪, 저수지
나오는 때　5~9월
분포　흔함
겨울나기　애벌레
알 낳기　혼자, 물낯
한살이　1년 1세대

날개띠좀잠자리

메고추잠자리(북), 노란띠좀잠자리, 색시잠자리
Sympetrum pedemontanum elatum

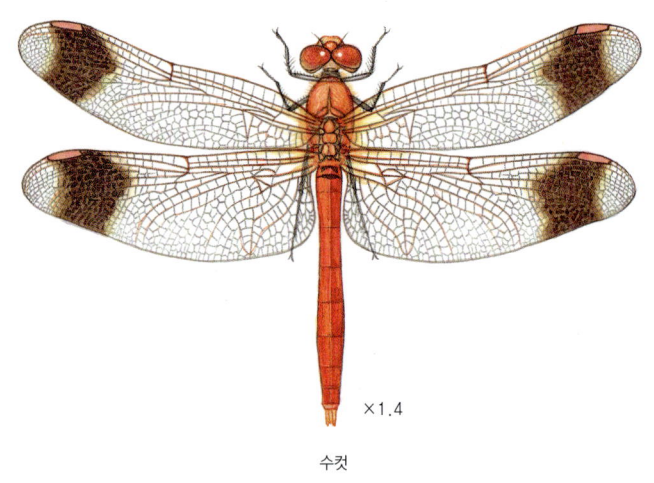

×1.4

수컷

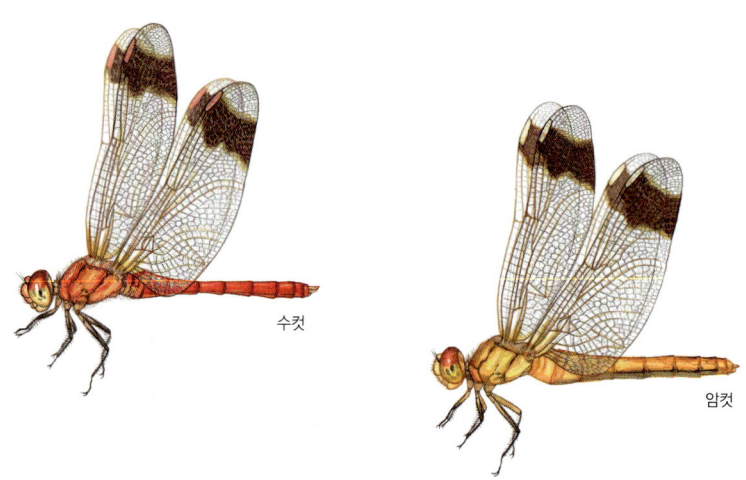

수컷

암컷

잠자리과 좀잠자리속

날개띠좀잠자리는 날개 끄트머리에 불그스름한 띠무늬가 있다. 암컷과 덜 자란 수컷은 몸빛이 모두 누르스름한데, 가을이 되면 수컷은 고추잠자리처럼 온몸이 빨갛게 바뀐다. 그 모습이 새색시처럼 예쁘다고 '색시잠자리' 라고도 한다. 암컷은 연한 밤색 그대로다. 암컷은 8, 9번째 배마디에 거무스름한 점무늬가 있고, 수컷은 없다. 날개띠좀잠자리는 산좀잠자리 아종으로 여기는데, 날개 끝에 있는 빨간 띠무늬가 산좀자리보다 더 넓다. 산좀잠자리는 우리나라에서 볼 수 없다.

날개띠좀잠자리는 물이 느릿느릿 흐르는 강이나 내, 늪 가장자리에서 산다. 6월 말부터 10월까지 날아다닌다. 우리나라 어디에서나 흔하게 볼 수 있다. 수컷은 물가 풀숲에서 많이 살고, 가까운 산으로 날아가 살기도 한다. 다른 잠자리와 달리 자기 둘레에 들어온 수컷을 쫓아내지 않고 함께 잘 지낸다. 저녁이 되면 풀 줄기에 여러 마리가 함께 앉아 쉰다. 수백 마리가 작은 풀밭에 옹기종기 앉아 쉬기도 한다. 짝짓기 철이 되면 물가에서 수컷이 암컷 뒷머리를 부여잡은 채 함께 날면서, 암컷이 꽁무니를 물낯에 툭툭 치며 알을 낳는다. 알은 그대로 물속에서 겨울을 난다. 이듬해 봄에 애벌레가 깨어 물속에서 지내다가 6월 말부터 물 밖으로 나와 날개돋이 한다.

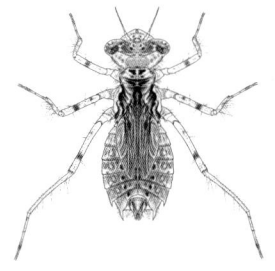

크기 32~38mm
사는 곳 산속이나 들판, 늪, 강
나오는 때 6~10월
분포 아주 흔함
겨울나기 알
알 낳기 연결, 물낯
한살이 1년 1세대

대륙좀잠자리

대륙고추잠자리(북) *Sympetrum striolatum imitoides*

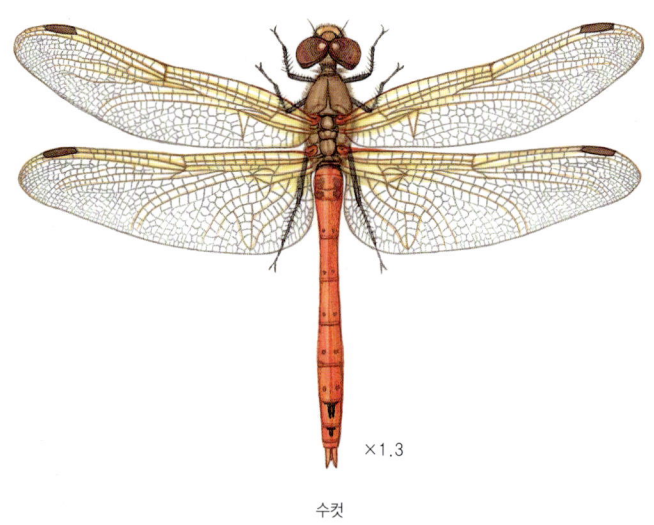

×1.3

수컷

수컷

암컷

잠자리과 좀잠자리속

대륙좀잠자리는 옆가슴에 가느다란 까만 줄이 두 줄 있다. 갓 날개돋이 한 수컷과 암컷은 몸빛이 누렇고 날개도 노르스름한데, 날개 앞 가장자리와 뿌리 쪽이 더 짙은 노란빛을 띤다. 다 크면 수컷 가슴과 배가 빨갛게 바뀐다. 배 아래쪽은 까맣다.

대륙좀잠자리는 물이 천천히 흐르고 얕은 개울이나 내, 연못, 늪에서 산다. 우리나라 어디에서나 볼 수 있지만 남쪽으로 갈수록 수가 적다. 제주도에서는 아주 드물게 볼 수 있다. 6월 말부터 10월까지 날아다닌다.

대륙좀잠자리는 날개돋이를 하면 산으로 들어가 여름을 난다. 숲 둘레에 있는 햇볕이 잘 드는 빈터나 산길에서 많이 날아다니고, 땅에도 잘 내려앉는다. 다 크면 날개 빛이 밝은 노란색을 띠고 햇빛에 비치면 불그스름하게 보인다. 늦여름에 산에서 내려와 연못이나 물가에서 짝짓기를 한다. 이때 수컷은 빨갛게 바뀌고 자기 사는 곳을 지키며 날아다닌다. 짝을 만나면 풀잎이나 나뭇잎에 앉아 짝짓기를 한다. 짝짓기가 끝나면 수컷이 암컷 뒷머리를 잡은 채 함께 물낯 위를 낮게 날아다니고, 암컷이 꽁무니를 물낯에 톡톡 치면서 알을 낳는다. 물속에서 알로 겨울을 나고 이듬해 봄이 되면 애벌레가 깨어 나온다. 애벌레는 물풀이 수북이 난 연못이나 물 흐름이 없는 물가 물속에서 지내다가 6월이 되면 물 밖으로 나와 날개돋이를 한다.

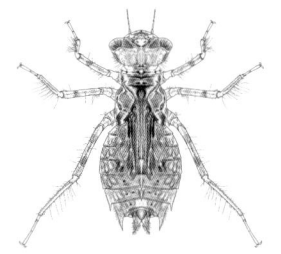

크기 42~46mm
사는 곳 산속, 들판 연못, 늪, 내
나오는 때 6~10월
분포 흔함
겨울나기 알
알 낳기 연결, 물낯
한살이 1년 1세대

여름좀잠자리 여름고추잠자리(북) *Sympetrum darwinianum*

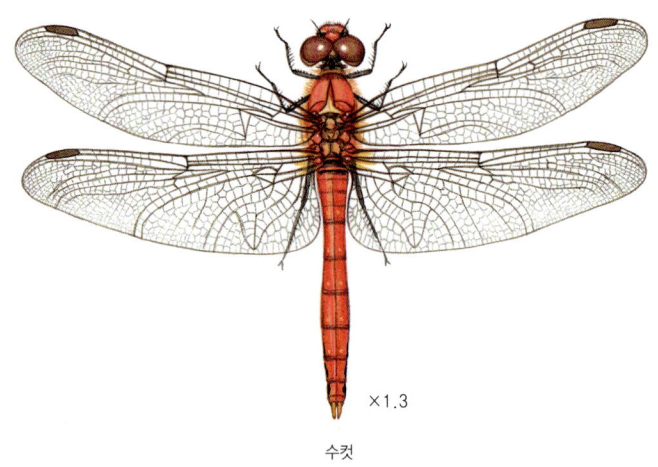

×1.3

수컷

수컷

암컷

여름좀잠자리는 우리가 아는 고추잠자리랑 닮았다. 고추잠자리보다 조금 더 작고, 옆가슴에 난 가운데 까만 줄무늬가 가슴 가운데까지 굵게 나 있어서 다르다. 고추좀잠자리와도 닮았는데 고추좀잠자리는 머리와 가슴이 밤색이지만 여름좀잠자리는 다 크면 새빨갛게 바뀐다. 덜 자란 수컷과 암컷 몸빛은 누렇다. 암컷은 다 커도 몸빛이 그대로지만, 가끔 배 위쪽이 빨갛게 바뀌기도 한다. 암컷은 3~7번째 배마디 끝 옆쪽에 까만 점무늬가 있다.

여름좀잠자리는 들판에 있는 연못이나 논에서 많이 산다. 우리나라 어디에서나 볼 수 있다. 6월 말부터 10월까지 날아다닌다. 날개돋이 한 뒤에 둘레에 있는 산으로 날아가 여름 내내 지내다 가을이 되면 고추좀잠자리 무리에 섞여 들판으로 날아온다. 이때가 되면 수컷은 고추잠자리처럼 온몸이 빨개진다. 수컷은 자기 사는 곳 둘레 풀밭을 날아다니거나 쉬면서 지낸다. 풀 줄기 꼭대기에 곧잘 내려앉고 땅바닥에도 잘 앉는다. 짝짓기를 한 뒤에는 수컷이 암컷 뒷머리 겹눈 사이에 꽁무니 부속기를 끼워 잡고 논이나 웅덩이, 늪 위를 함께 날아다니며, 암컷은 알을 공중에서 떨어뜨린다. 물이나 풀밭에 떨어진 알은 그대로 겨울을 나고 이듬해 봄에 애벌레가 깨어 나온다. 애벌레는 물속에서 넉 달쯤 지내다가 6월부터 물 밖으로 나와 날개돋이 한다.

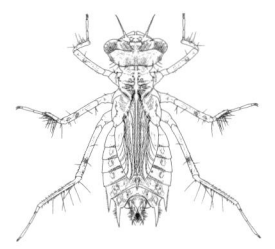

크기 36~42mm
사는 곳 들판 연못, 논
나오는 때 6~10월
분포 제법 흔함
겨울나기 알
알 낳기 연결, 공중
한살이 1년 1세대

고추좀잠자리 고추잠자리(북) *Sympetrum frequens*

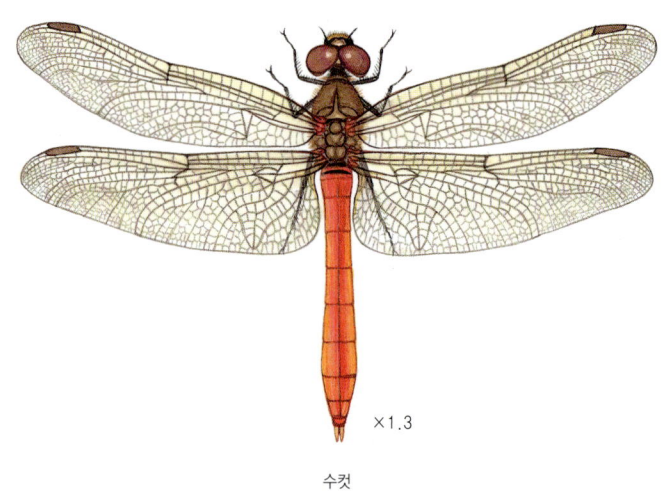

×1.3

수컷

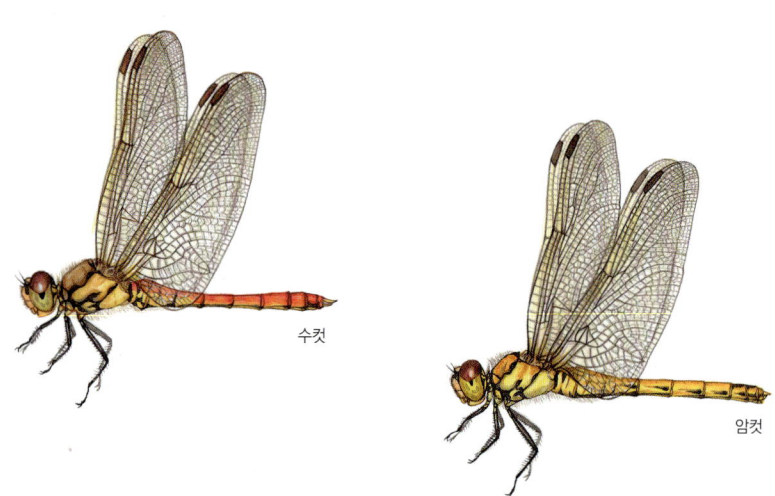

수컷

암컷

잠자리과 좀잠자리속

고추좀잠자리는 우리나라에서 가장 많이 살고, 가장 흔한 잠자리다. 고추잠자리와 닮았지만 수컷은 배만 빨개서 다르다. 덜 큰 암컷과 수컷은 몸빛이 누렇다. 여름좀잠자리와도 닮았는데, 여름좀잠자리 수컷은 머리와 가슴 등 쪽까지 빨개지고 고추좀잠자리는 그렇지 않다. 그리고 여름좀잠자리 날개 뿌리 쪽이 고추좀잠자리보다 더 노랗다.

고추좀잠자리는 산과 들, 연못, 저수지, 강, 내, 늪 어디에서나 날아다닌다. 6월 말부터 10월까지 볼 수 있다. 들판에서 날개돋이 한 뒤에 여름에는 산으로 날아가 살다가 가을이면 다시 밑으로 내려온다. 고추좀잠자리는 기온이 20~25도 일 때 가장 잘 날아다닌다. 여름에 기온이 30도를 넘어가면 서늘한 산으로 피한다. 산에서 모기나 하루살이처럼 작은 날벌레를 잡아먹는다. 산에서도 낮 기온이 30도까지 올라가면 더 높은 곳으로 올라가거나 아주 높이 날면서 몸을 식힌다. 그래서 여름에는 산꼭대기에서도 볼 수 있다. 배 꽁무니를 하늘 높이 치켜들고 몸을 식히기도 한다. 가을이 되면 산에서 내려와 암컷과 수컷이 물가 둘레에 자란 풀숲에서 짝짓기를 한다. 짝짓기를 마치면 서로 이어진 채 물 가장자리를 왔다 갔다 난다. 암컷은 꽁무니를 물낯이나 물가 진흙에 톡톡 두드리며 알을 떨어뜨리거나 붙인다. 알은 그대로 겨울을 나고 이듬해 봄에 애벌레가 깨어 나온다. 넉 달쯤 물속에서 지내다가 6월부터 물 밖에 나와 날개돋이 한다.

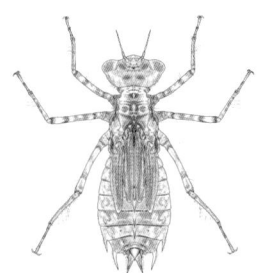

크기 38~44mm
사는 곳 산과 들판 연못, 저수지, 늪, 강
나오는 때 6~10월
분포 아주 흔함
겨울나기 알
알 낳기 연결, 물낯, 진흙
한살이 1년 1세대

대륙고추좀잠자리 대륙가을고추좀잠자리(북)
Sympetrum depressiusculum

×1.4

수컷

수컷

암컷

잠자리과 좀잠자리속

　대륙고추좀잠자리는 고추좀잠자리와 생김새가 똑 닮았다. 옆가슴에 난 까만 줄에서 가운데 줄이 고추좀잠자리와 똑같이 가늘다. 암컷은 2~3번째 배마디 아래가 옴폭 들어가서 고추좀잠자리 암컷과 다르다.

　대륙고추좀잠자리는 이름처럼 만주와 시베리아에서 많이 산다. 우리나라에서는 가을에 경기도 서북부 지역 들판에 있는 늪이나 물가에서 볼 수 있다. 아직까지 고추좀잠자리와 뚜렷이 구분되지 않아서 분류학 연구가 더 필요하다.

크기　35~40mm
사는 곳　들판 연못, 늪
나오는 때　6~11월
분포　드묾
겨울나기　애벌레
알 낳기　연결, 물낯
한살이　2년 1세대

두점박이좀잠자리

눈썹고추잠자리(북) *Sympetrum eroticum*

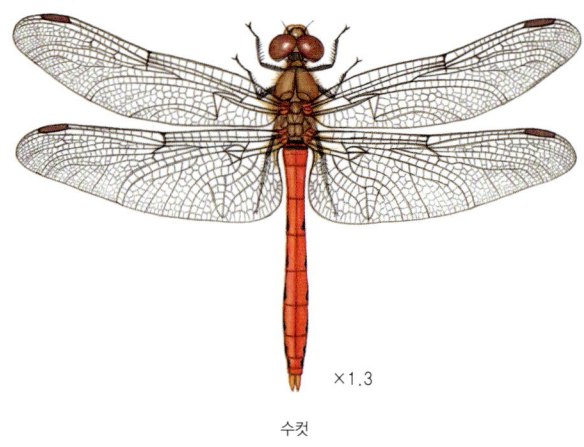

×1.3

수컷

수컷

암컷

잠자리과 좀잠자리속

두점박이좀잠자리는 암컷과 수컷 모두 얼굴 앞에 까만 점이 두 개 있다. 수컷은 가을이 되면 배가 빨갛게 바뀐다. 수컷 꽁무니에 난 부속기는 노랗고 위쪽으로 휜다. 암컷은 수컷과 달리 날개 끄트머리가 까맣다. 배 옆으로는 까만 무늬가 있다. 암컷과 수컷 모두 겹눈 위쪽은 붉은 밤색이고 아래쪽은 풀빛이다.

두점박이좀잠자리는 들판이나 산에 있는 늪이나 연못, 도랑, 내, 저수지에 산다. 우리나라 어디에서나 흔하게 볼 수 있다. 6월 중순부터 11월까지 날아다닌다. 날개돋이를 하면 그 둘레 물가에서 산다. 수컷은 물가 둘레 물풀 줄기 위에 앉아 다른 수컷이 자기 사는 곳으로 못 들어오게 쫓아낸다. 암컷을 만나면 풀 줄기나 돌 위에 앉아 짝짓기를 하는데 이리저리 장소를 옮긴다. 짝짓기를 마치면 수컷은 꽁무니로 암컷 겹눈 뒤쪽 사이를 끼워 잡고 앞에 난다. 암컷은 뒤에서 함께 날면서 물가 진흙이나 모래에 꽁무니를 톡톡 치며 알을 낳는다. 알은 그대로 겨울을 나고 이듬해 봄에 애벌레가 깨어 나온다. 애벌레는 물속에 들어가 살다가 6월에 물 밖으로 나와 날개돋이 한다.

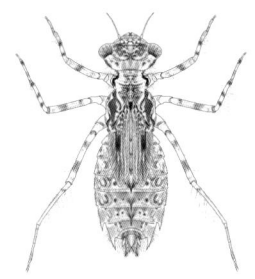

크기 32~38mm
사는 곳 들이나 산속 연못, 도랑
나오는 때 6~11월
분포 아주 흔함
겨울나기 알
알 낳기 연결, 진흙, 모래
한살이 1년 1세대

노란잠자리 누런고추잠자리(북) *Sympetrum croceolum*

×1.4

수컷

수컷

암컷

잠자리과 좀잠자리속

노란잠자리는 온몸이 노르스름하다. 아직 덜 자란 암컷과 수컷은 연한 노란색이고 몸에 반점이 없다. 다 자라면 수컷은 배가 빨갛게 바뀐다. 날개는 노랗다가 약간 빨갛게 짙어진다. 날개 앞쪽 가장자리가 노랗고, 날개 뿌리부터 가운데쯤까지 노랗다. 옆가슴에는 아무 무늬가 없다. 암컷 꽁무니 아래쪽에 가시처럼 돋은 산란판이 있다.

노란잠자리는 우리나라 잠자리 가운데 늦게 나오는 잠자리다. 11월까지 날아다니고 몇몇 곳에서는 12월까지도 날아다닌다. 다른 잠자리보다 늦은 7월에 나오는데, 높은 산에 있는 물이 깊고 찬 연못에서는 8월 말에 나온다. 나무로 둘러싸이고 물풀이 우거진 못이나 늪에서 산다. 제주도를 뺀 우리나라 어디에서나 사는데, 드물게 볼 수 있다. 갓 날개돋이 해서 나오면 못 둘레에 있는 숲 속으로 들어가 산다. 땅바닥에도 잘 내려앉는다. 9월쯤 되면 못 둘레로 다시 날아와 짝짓기를 한다. 수컷은 물가에 자란 풀 줄기를 왔다 갔다 날아다니면서 다른 수컷을 쫓아내다가 암컷이 오면 짝짓기를 한다. 짝짓기를 마치면 암컷과 수컷이 서로 이어진 채 날아다니며 알을 낳는다. 물낯을 스치듯 날며 암컷이 꽁무니를 물낯이나 물가 진흙에 톡톡 두드리면서 알을 낳는다. 알은 그대로 겨울을 나고 이듬해 봄에 애벌레가 깨어 나온다. 애벌레는 물속에서 지내다 7월이 되면 물 밖으로 나와 날개돋이를 한다.

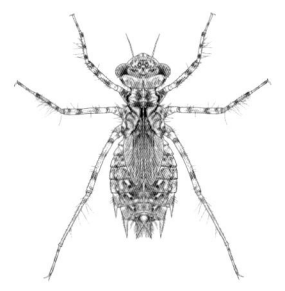

크기 36 ~ 42mm
사는 곳 산속 연못, 늪
나오는 때 7 ~ 11월
분포 제법 드묾
겨울나기 알
알 낳기 연결, 물낯, 진흙
한살이 1년 1세대

진노란잠자리 큰누런고추잠자리(북) *Sympetrum uniforme*

×1.3

수컷

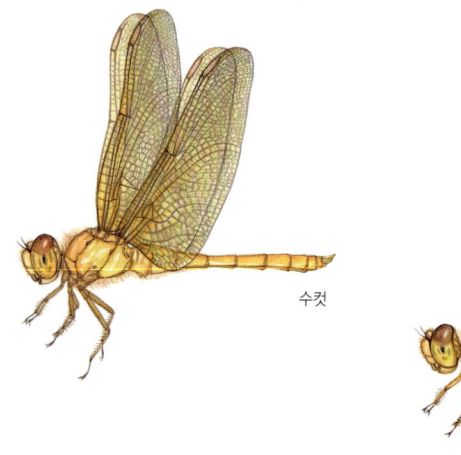

수컷

암컷

잠자리과 좀잠자리속

　진노란잠자리는 이름과 달리 노란잠자리보다 덜 노랗다. 하지만 온 날개와 온몸이 노랗고 노란잠자리보다 크다. 우리나라 어디에서나 사는데 드물게 볼 수 있다. 6월부터 10월까지 날아다니고, 몇몇 곳에서는 11월까지 날아다닌다.

　진노란잠자리는 들판에 있는 물풀이 수북이 자란 연못에서 날개돋이를 한다. 날개돋이 하면 여름 내내 산으로 올라가 산다. 앞길이 탁 트인 산길에서 많이 날아다닌다. 가을이 되면 낮은 들판에 있는 연못이나 늪, 물가로 내려와 짝짓기를 한다. 자기 자리를 빙빙 맴돌며 다른 수컷이 못 들어오게 지키다가 암컷이 오면 짝짓기를 한다. 짝짓기를 마치면 수컷이 앞에서 암컷 뒷머리를 잡고 함께 날고, 암컷은 꽁무니로 물낯을 튀기듯 두드리며 알을 낳는다. 알은 그대로 겨울을 나고 이듬해 봄에 애벌레가 깨어 나온다. 애벌레는 물속에서 지내다가 6월부터 물 밖에 나와 날개돋이를 한다.

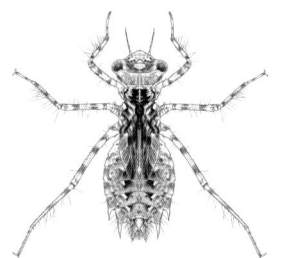

크기 42~48mm
사는 곳 산속, 들판 연못, 산
나오는 때 6~11월
분포 드묾
겨울나기 알
알 낳기 연결, 물낯
한살이 1년 1세대

깃동잠자리
밤색이마고추잠자리(북) *Sympetrum infuscatum*

×1.2

수컷

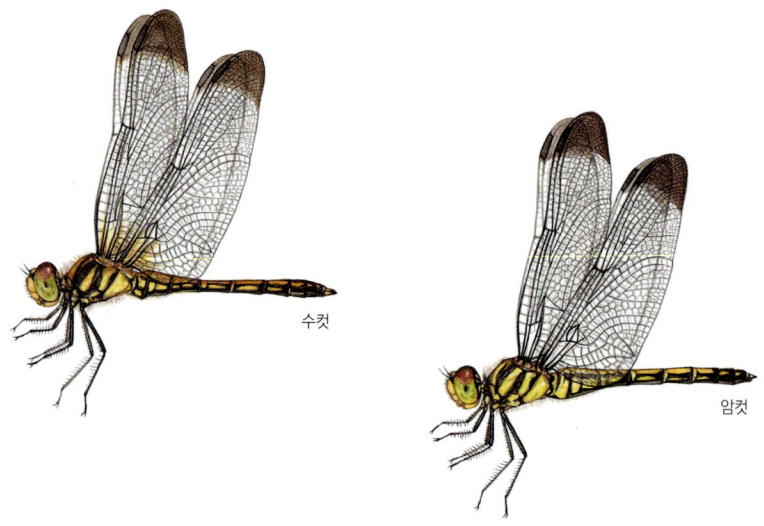

수컷

암컷

잠자리과 좀잠자리속

깃동잠자리는 암수 모두 저고리 둘레에 두르는 깃동처럼 날개 끄트머리가 까맣다. 옆가슴에는 까만 줄이 석 줄 굵게 나 있는데, 가운데 줄이 날개 뿌리부터 다리 뿌리까지 굵게 이어져서 다른 깃동잠자리와 다르다.

깃동잠자리는 여름에는 산으로 갔다가 짝짓기 때에는 들판에 있는 물풀이 우거진 논이나 연못, 웅덩이, 저수지에서 산다. 우리나라 어디에서나 아주 흔하게 볼 수 있다. 6월 중순에 나와서 11월까지 날아다닌다. 수컷은 물풀 줄기 끝이나 나뭇가지에 잘 내려앉는다. 앉았다가도 살포시 떠서 제자리를 날다가 다시 내려앉는다. 먹이를 잡으려고 날아올랐다가도 제자리로 돌아오고는 한다. 다른 잠자리 수컷과 달리 자기 사는 곳을 지키며 날지 않는다. 암컷은 잘 안 날아다니고 둘레에 자란 나무 그늘 속에서 산다. 가을에 짝짓기 때가 되면 암컷과 수컷이 서로 이어진 채 함께 날아다니며 알을 낳는다. 얕은 물가나 논, 논도랑 위를 날면서 암컷이 공중에서 배를 위아래로 움직이며 알을 뿌려 낳는다. 겨울에 물이 마르고 봄이 되면 물이 차오르는 곳에 알을 떨어뜨린다. 알은 그대로 겨울을 나고 이듬해 봄에 물이 차면 애벌레가 깨어 나온다. 물속에서 여름까지 지내다가 여름 들머리에 물 밖으로 나와 날개돋이를 한다.

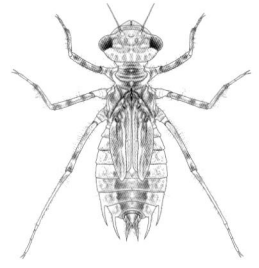

크기 42~48mm
사는 곳 산속, 들판 늪, 연못, 논
나오는 때 6~11월
분포 아주 흔함
겨울나기 알
알 낳기 연결, 공중
한살이 1년 1세대

산깃동잠자리

작은밤색이마고추잠자리(북), 산깃동고추잠자리, 깃동잠자리붙이 *Sympetrum baccha*

×1.2

수컷

수컷   암컷

잠자리과 좀잠자리속

산깃동잠자리는 날개 끄트머리가 깃동이 있는 잠자리 가운데 가장 까맣고 덩치가 크다. 또 수컷은 머리부터 배까지 빨갛게 물들어 깃동잠자리 무리 가운데 가장 눈에 띈다. 옆가슴에 난 두 번째와 세 번째 까만 줄이 서로 어지럽게 이어져서 다른 깃동잠자리와 다르다. 덜 자랐을 때는 몸빛이 누렇고 날개 끝 까만 밤색 깃동 무늬가 크고 진하다. 다 자란 수컷은 머리, 가슴, 배가 모두 빨갛게 바뀐다. 암컷은 그대로다.

산깃동잠자리는 우리나라 어디서나 살지만 사는 지역이 좁다. 7월에 나와서 10월까지 날아다닌다. 날개돋이를 하면 여름 내내 산으로 올라가 산다. 산길이나 숲 속 빈터에서 날아다닌다. 아주 가끔 높은 산꼭대기에도 날아다닌다. 짝짓기 때가 되면 들판으로 내려온다. 수컷은 연못이나 저수지 가장자리에 자리를 잡고 날아다니며 자기 사는 곳을 지킨다. 암컷을 만나 짝짓기를 한 뒤 서로 이어진 채 날아다니고, 암컷이 꽁무니로 물낯을 톡톡 치면서 알을 낳는다. 알은 물속에서 그대로 겨울을 나고 이듬해 봄에 애벌레가 깨어 나온다. 애벌레는 물속에서 살다가 7월에 물 밖으로 나와 날개돋이를 한다.

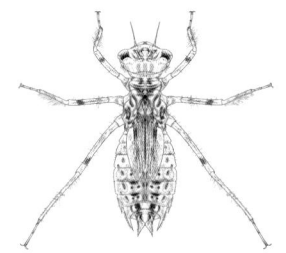

크기 42~46mm
사는 곳 산속, 들판 늪, 연못
나오는 때 7~10월
분포 제법 흔함
겨울나기 알
알 낳기 연결, 물낯
한살이 1년 1세대

들깃동잠자리 누런뺨고추잠자리(북) *Sympetrum risi*

×1.3

수컷

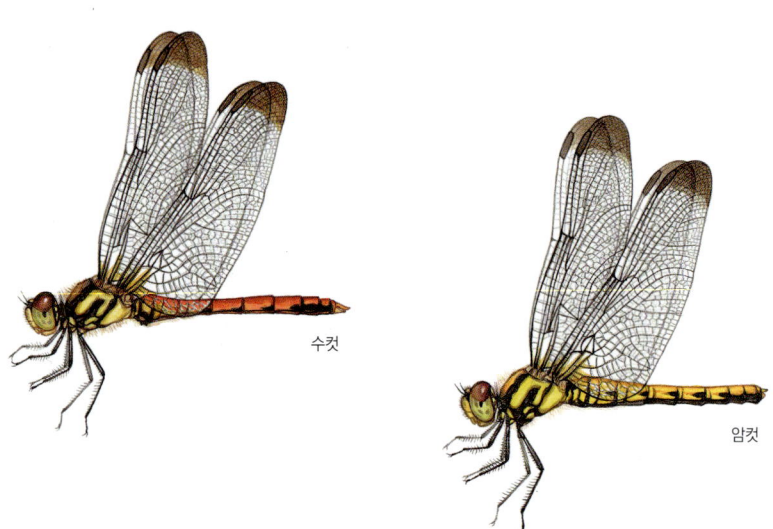

수컷

암컷

잠자리과 좀잠자리속

들깃동잠자리는 다른 깃동잠자리보다 날개 끄트머리 깃동 무늬가 작고 흐리다. 또 옆가슴에 난 까만 석 줄에서 가운데 줄이 날개 뿌리까지 닿지 않고 가운데쯤에서 끝난다. 깃동잠자리는 날개 뿌리까지 이어지고, 산깃동잠자리는 세 번째 줄과 이어진다.

들깃동잠자리는 우리나라 어디에나 살지만 다른 깃동잠자리보다 드물다. 7월에 나와서 10월까지 날아다닌다. 들이나 산기슭에 있는 물풀이 수북이 난 연못에서 산다. 갓 날개돋이 하면 숲에 들어가 먹이를 잡아먹는다. 덜 자랐을 때는 몸빛이 누렇다. 다 자라면 수컷은 배만 빨갛게 바뀌는데, 암컷은 안 바뀌고 그대로다. 하지만 몇몇은 수컷처럼 배가 빨갛게 바뀌기도 한다. 다 크면 다시 연못 물가로 날아온다. 수컷은 물가 물풀 줄기에 앉아 다른 수컷이 못 들어오게 지킨다. 가을에 풀숲에서 짝짓기를 한 뒤 수컷과 암컷이 이어진 채 함께 날고, 암컷이 공중에서 알을 뿌려 낳는다. 알을 뿌린 물가는 가을에 물이 마른 곳이다. 알은 메마른 땅에서 그대로 겨울을 나고, 봄에 비가 와서 가장자리까지 물이 고이면 애벌레가 깨어 나온다. 알이 있는 곳에 물이 고일 때까지 기다리느라 다른 깃동잠자리 애벌레보다 늦게 나온다. 물속에서 살다가 6월 말부터 물 밖으로 나와 날개돋이 한다.

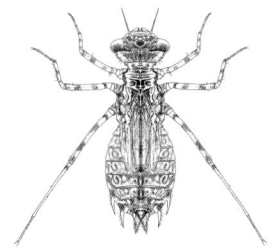

크기 38~44mm
사는 곳 산기슭이나 들판 연못
나오는 때 7~10월
분포 조금 드묾
겨울나기 알
알 낳기 연결, 공중
한살이 1년 1세대

흰얼굴좀잠자리

흰뺨고추잠자리(북) *Sympetrum kunckeli*

×1.4

수컷

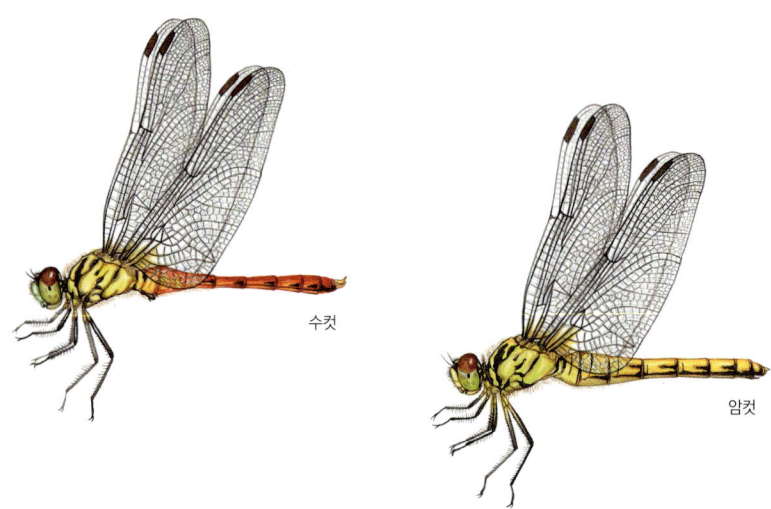

수컷 암컷

잠자리과 좀잠자리속

흰얼굴좀잠자리는 덜 자랐을 때는 몸빛이 누렇고 얼굴도 누렇다. 다 자라면 수컷 얼굴이 파랗게 바뀌고 배는 빨갛게 바뀐다. 암컷은 몸빛이 그대로인데 가끔 수컷처럼 빨갛게 바뀌기도 한다. 배마디 옆에는 까만 줄무늬가 있다. 앞날개 뿌리 밑 옆가슴에 까만 줄무늬가 짧게 뻗어 있어서 다른 잠자리와 가른다.

흰얼굴좀잠자리는 들판에 물풀이 우거진 연못이나 늪에서 산다. 우리나라 어디에서나 아주 흔하게 볼 수 있다. 7월에 나와 10월까지 볼 수 있다. 날개돋이를 하면 둘레에 있는 산속이나 풀숲에 들어가 나무 그늘이나 어두운 풀숲에서 지낸다. 9월쯤 짝짓기 철이 되면 다시 물가로 날아온다. 물가 풀숲에 앉아 자기 사는 곳에 다른 수컷이 못 들어오게 쫓아내다가 암컷을 만나면 짝짓기를 한다. 짝짓기를 마치면 수컷이 암컷 뒷머리를 잡고 서로 이어진 채 날아다니고, 암컷이 꽁무니로 물낯이나 물가 진흙을 톡톡 치면서 알을 낳는다. 알은 그대로 겨울을 나고 이듬해 봄에 애벌레가 깨어 나온다. 애벌레는 물속 진흙 위나 물풀 뿌리 옆에서 산다. 여름 들머리에 물 밖으로 나와 날개돋이를 한다.

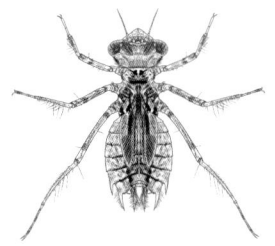

크기 34~37mm
사는 곳 들판 연못, 늪
나오는 때 7~10월
분포 아주 흔함
겨울나기 알
알 낳기 연결, 물낯, 진흙
한살이 1년 1세대

두점배좀잠자리 *Sympetrum fonscolombii*

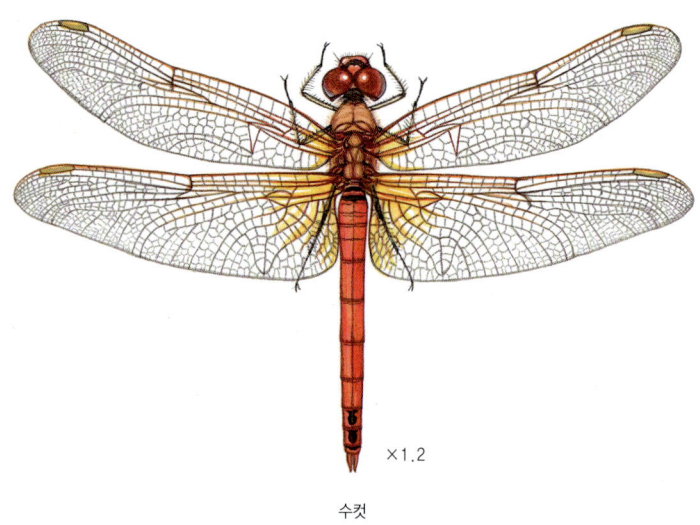

×1.2

수컷

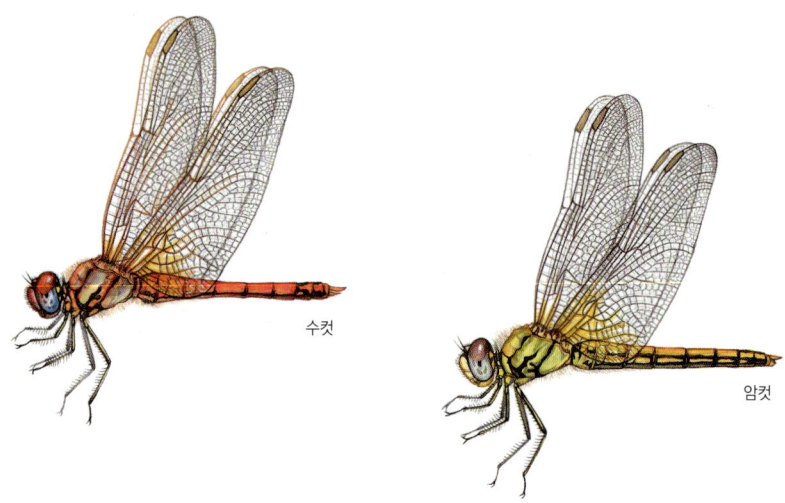

수컷

암컷

잠자리과 좀잠자리속

　수컷 배 꽁무니 위에 까만 점이 두 개, 옆에 두 개 있어서 '두점배좀잠자리' 라는 이름이 붙었다. 우리나라에서는 2004년에 처음 찾아냈다. 서남아시아와 중국, 러시아, 유럽에서는 많이 산다. 아마도 태풍이나 큰 바람을 타고 우리나라에 온 것 같다. 하지만 2005년에 우리나라에서 날개돋이 한 암컷이 보이고 동해나 서해 바닷가에서 볼 수 있는 것으로 봐서, 이제는 우리나라에서도 눌러사는 것 같다. 바다와 가까운 바닷가 늪에서 아주 가끔 볼 수 있다. 6월에 나와서 11월까지 날아다닌다. 아직까지 사는 모습이 잘 밝혀지지 않았다.

　두점배좀잠자리 암컷과 수컷 모두 뒷날개 뿌리 쪽이 누렇다. 옆가슴에는 까만 줄이 가늘게 나 있다. 수컷은 8~9번째 배마디 위쪽과 옆쪽에 까만 반점이 있다. 암컷은 위쪽에만 점무늬가 두 개 있고, 3~9번째 배마디 옆쪽에 까만 줄무늬가 죽 나 있다.

크기 40~42mm
사는 곳 바닷가 늪, 연못, 저수지
나오는 때 6~11월
분포 아주 드묾
겨울나기 알
알 낳기 연결, 물낯
한살이 1년 1세대

애기좀잠자리

애기고추잠자리(북) *Sympetrum parvulum*

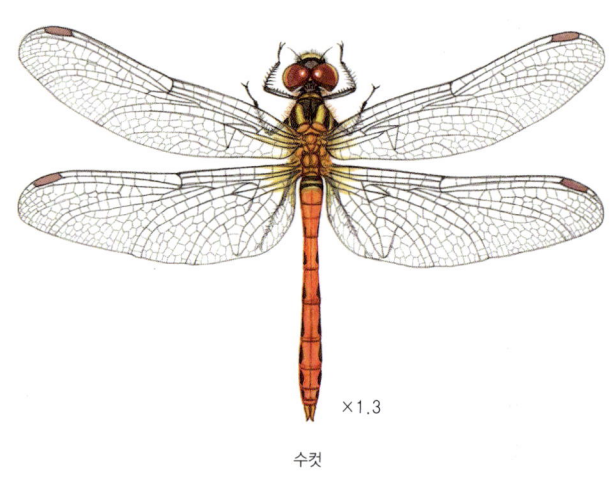

×1.3

수컷

수컷

암컷

잠자리과 좀잠자리속

애기좀잠자리는 이름처럼 다른 잠자리보다 작은 잠자리다. 암컷과 수컷 모두 가슴 어깨에 까만 줄무늬가 굵고 뚜렷하다. 날개 뿌리 쪽이 노랗고 배 아래쪽에 까만 무늬가 또렷하다. 수컷은 다 크면 얼굴은 하얗게, 배는 빨갛게 바뀐다. 또 꽁무니에 돋은 부속기가 위쪽으로 휜다. 암컷은 몸빛이 누르스름하다.

애기좀잠자리는 우리나라 어디서나 아주 흔하게 볼 수 있다. 7월에 나와서 10월까지 날아다닌다. 물풀이 수북하게 자란 논두렁이나 작은 연못이나 웅덩이, 강 둘레 늪에서 산다. 수컷은 풀숲에서 지내다가 짝짓기 때가 되면 물가로 날아온다. 자기 사는 둘레로 다른 수컷이 못 들어오게 쫓아내며 암컷을 기다린다. 작은 웅덩이에 살기 때문에 자기 자리를 못 잡은 수컷은 둘레 풀숲에서 암컷을 기다린다. 암컷을 만나면 풀숲에 들어가 짝짓기를 한다. 웅덩이에 다른 수컷이 많을 때는 서로 이어진 채 날다가 물낯이나 물가 진흙에 암컷이 꽁무니를 톡톡 치면서 알을 낳는다. 웅덩이에 다른 수컷이 없으면 수컷은 멀찍이 떨어져 지켜보고, 암컷 혼자서 알을 낳는다. 알은 그대로 겨울을 나고 이듬해 봄에 애벌레가 깨어 나온다. 애벌레는 물속에서 지내다가 여름 들머리에 물 밖으로 나와서 날개돋이 한다.

크기 32~36mm
사는 곳 들판 논두렁, 연못, 웅덩이
나오는 때 7~10월
분포 아주 흔함
겨울나기 알
알 낳기 연결 또는 혼자, 물낯, 진흙
한살이 1년 1세대

하나잠자리 *Sympetrum speciosum*

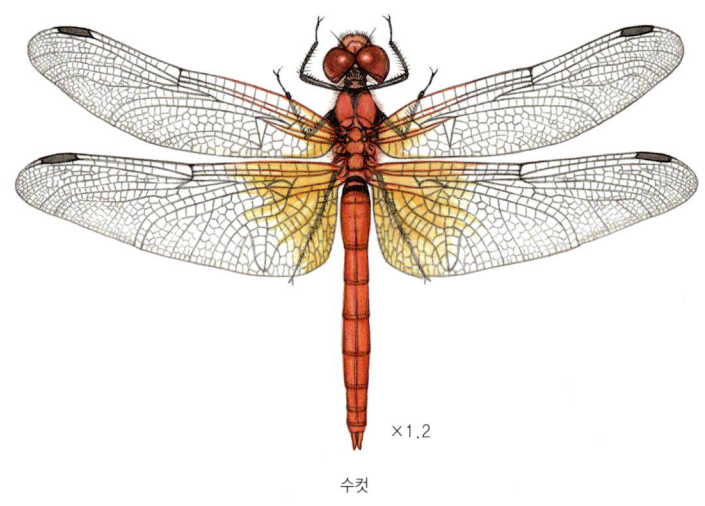

×1.2

수컷

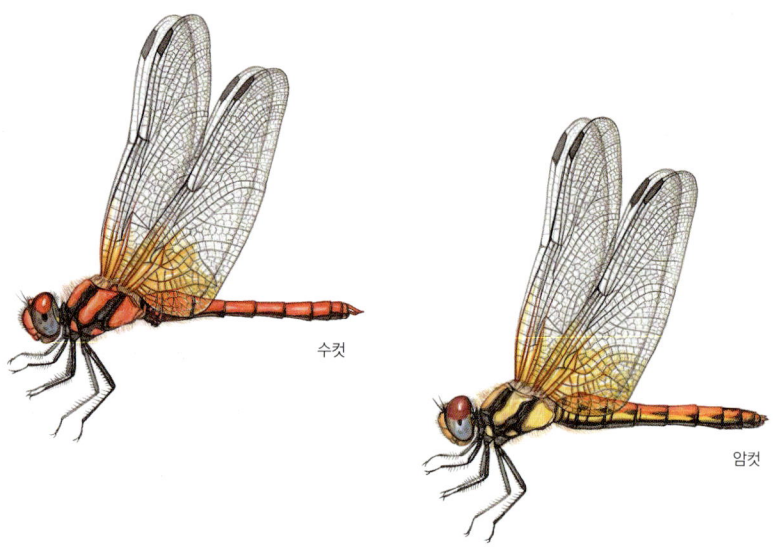

수컷

암컷

하나잠자리는 1985년에 제주도에서 처음 찾아낸 잠자리다. 2002년까지는 제주도에서만 볼 수 있었는데 지금은 중부와 남부 지방에서도 심심치 않게 볼 수 있다. 날씨가 따뜻해지면서 차츰 위로 올라오는 것 같다. 6월 초부터 9월까지 볼 수 있다.

하나잠자리는 암컷과 수컷 날개 뿌리 쪽으로 넓게 노란빛을 띤다. 덜 자란 암컷과 수컷 몸빛은 누런데, 수컷은 다 자라면 온몸이 빨갛게 바뀐다. 암컷은 몸빛이 크게 바뀌지 않고 배 등 쪽만 빨갛게 바뀐다. 배 옆쪽 마디마다 까만 줄무늬가 있고, 배 밑쪽은 거무스름하다. 암컷과 수컷 모두 옆가슴에 까만 줄무늬가 두 줄 굵게 나 있다.

하나잠자리는 산속에 물풀이 자라고 가랑잎이 수북이 쌓인 연못에서 산다. 수컷은 햇살이 쨍쨍하면 연못 가장자리를 날아다니면서 다른 수컷이 못 들어오게 자기 사는 곳을 지킨다. 하지만 그늘이 지면 연못 둘레 나뭇가지나 풀 줄기에 가만히 앉아 쉰다. 해가 나면 다시 연못 둘레를 날아다닌다. 짝짓기 때 암컷이 나타나면 짝짓기를 한 뒤 수컷은 암컷 뒷머리를 움켜쥐고 함께 날아다니고, 암컷은 물낯에 꽁무니를 톡톡 두드리며 알을 낳는다. 알은 그대로 겨울을 나고 이듬해 봄에 애벌레가 깨어 나온다. 애벌레는 물속에서 지내다 6월에 물 밖으로 나와 날개돋이를 한다.

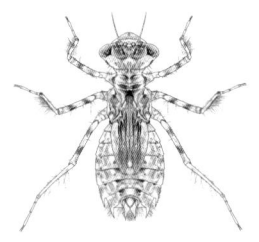

크기 40~46mm
사는 곳 산속 연못
나오는 때 6~9월
분포 제법 드묾
겨울나기 알
알 낳기 연결, 물낯
한살이 1년 1세대

긴꼬리고추잠자리

붉은배고추잠자리(북), 대마도좀잠자리
Sympetrum cordulegaster

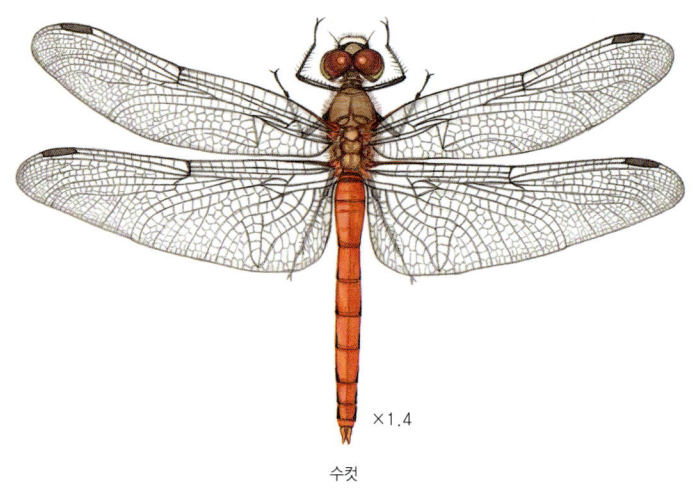

×1.4

수컷

수컷

암컷

잠자리과 좀잠자리속

긴꼬리고추잠자리는 암컷 꽁무니 끝에 돋은 알 낳는 판이 길다. 그래서 '긴꼬리' 라는 이름이 붙었다. 고추좀잠자리나 여름좀잠자리와 닮았지만 수컷 배 옆쪽에는 까만 점이 있고, 8번째 배마디 아래쪽이 톡 튀어나와서 다르다. 또 암컷과 수컷 모두 앞 얼굴이 하얗다.

긴꼬리고추잠자리는 1988년에 애벌레를 한번 잡았을 뿐 어른 잠자리는 찾지 못했다. 그래서 북쪽에서 날아오는 잠자리라고 여겼다. 하지만 2006년에 어른 잠자리를 잡은 뒤로 우리나라에 사는 잠자리로 여기게 되었다. 요즘에 서해 바닷가에 있는 몇몇 늪이나 연못에서 아주 드물게 볼 수 있다. 6월부터 9월까지 날아다닌다. 수컷은 탁 트인 곳에 자란 나무나 풀 가지에 자주 앉아 텃세를 부린다. 짝짓기 철이 되면 수컷이 암컷 뒷머리를 잡은 채 앞에 날고, 암컷은 꽁무니를 물에 톡톡 치면서 알을 낳는다. 알은 물속에서 그대로 겨울을 난다. 이듬해 봄에 애벌레가 깨어 물속에서 살다가 6월쯤부터 물 밖으로 나와 날개돋이를 한다. 아주 드물게 볼 수 있기 때문에 사는 모습은 더 밝혀져야 한다.

크기 34~38mm
사는 곳 서해 바닷가 웅덩이, 늪, 연못
나오는 때 6~9월
분포 아주 드묾
겨울나기 알
알 낳기 연결, 물낯
한살이 1년 1세대

날개잠자리 큰날개잠자리(북) *Tramea virginia*

수컷

수컷 암컷

잠자리과 날개잠자리속

날개잠자리는 열대지방에서 사는 잠자리다. 우리나라에는 여름에 태풍을 타고 가끔 올라온다. 태풍이 부는 해에는 제법 보이다가 태풍이 불지 않은 해에는 거의 안 보인다. 암컷과 수컷 모두 앞날개보다 뒷날개가 훨씬 크다. 날개 뿌리 쪽으로 불그스름한 무늬가 넓게 퍼져 있다. 옆가슴에 까만 줄무늬는 희미하다. 배마디는 빨간데 8~10번째 배마디는 까맣고, 배 아래쪽도 까맣다.

여름에 올라온 날개잠자리는 바닷가 가까이에 있는 늪이나 연못에서 가끔 볼 수 있다. 수컷은 쉴 새 없이 재빠르게 날면서 자기 사는 곳에서 텃세를 부린다. 짝짓기를 할 때 수컷은 암컷 뒷머리를 잡고 앞에 날며, 암컷은 꽁무니로 물낯을 두드리며 알을 낳는다. 하지만 알은 겨울을 못 넘기고 죽는다. 가끔 따뜻한 제주도에서는 물속에 사는 애벌레를 볼 수 있다.

크기 52~56mm
사는 곳 바닷가 연못, 늪
나오는 때 여름
분포 아주 드묾
겨울나기 못 남
알 낳기 연결, 물낯
한살이 모름

된장잠자리

마당잠자리(북) *Pantala flavescens*

×1.2

수컷

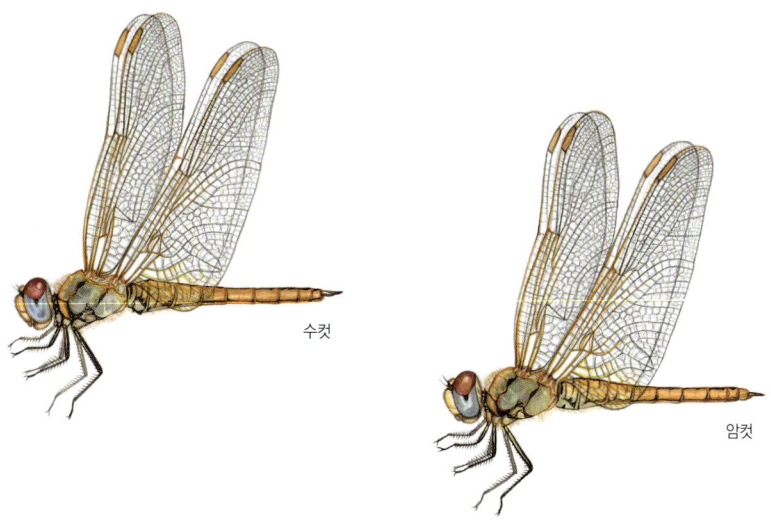

수컷

암컷

잠자리과 된장잠자리속

온몸이 된장처럼 누렇다고 된장잠자리다. 하지만 우리나라에 사는 잠자리가 아니고 동남아시아에서 날아오는 잠자리다. 몸집이 가볍고 가슴 속에 공기를 모아 두는 기관이 넓어서 바람을 타고 바다를 오랫동안 날아 우리나라로 온다. 하지만 열대나 아열대 지방에서 사는 잠자리라 추운 겨울을 못 넘기고 모두 죽는다.

된장잠자리는 한여름에 온 나라 도시나 들판 어디에서나 흔하게 날아다닌다. 강이나 연못, 웅덩이, 늪 어디에서나 잘 산다. 수컷은 자기 사는 곳에서 텃세를 부리며 날아다닌다. 암컷을 만나면 짝짓기를 한 뒤 수컷이 암컷 뒷머리를 잡고 앞에서 난다. 암컷은 꽁무니를 물에 톡톡 때리면서 알을 낳는다.

된장잠자리는 한살이가 짧다. 알을 낳고 일주일이면 애벌레가 깨어 나오고, 한 달이면 애벌레가 물 밖으로 나와 날개돋이 해서 어른이 된다. 그래서 봄부터 가을까지 서너 번 어른 잠자리가 나온다. 동남아시아에서 봄에 태풍이 일찍 불면 4월 말이면 우리나라로 날아온다. 봄에 날아와 짝짓기를 하고 알을 낳으면 6월 중순에 물 밖으로 나와 날개돋이 해서 날아다닌다. 그리고 또 이 잠자리들이 짝짓기 해서 알을 낳으면 8월 무더운 한여름에 아주 많이 나와 날아다닌다. 가을에 또 짝짓기를 해서 알을 낳으면 날개돋이 해서 어른이 된다. 하지만 애벌레나 어른 잠자리나 기온이 10도 밑으로 내려가면 모두 죽어서 겨울을 넘기지 못한다.

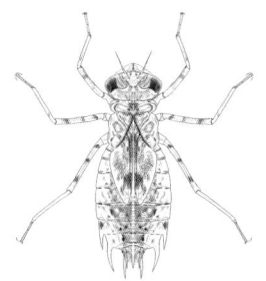

크기 37~42mm
사는 곳 들, 도시
나오는 때 봄~가을
분포 아주 흔함
겨울나기 못 남
알 낳기 연결, 물낯
한살이 1년 수세대

노란허리잠자리 붉은허리잠자리(북) *Pseudothemis zonata*

수컷 ×1

수컷　　　암컷

잠자리과 노란허리잠자리속

노란허리잠자리는 갓 날개돋이 했을 때 3~4번째 배마디가 노랗다가 다 크면 수컷만 하얗게 바뀐다. 그래서 '노란허리' 라는 이름이 붙었다. 온 나라 어디에서나 흔하게 볼 수 있다. 6월부터 9월까지 날아다닌다.

노란허리잠자리는 들판에 있는 연못이나 늪, 물이 느리게 흐르는 강 가장자리에서 볼 수 있다. 수컷은 물가에 난 나무 그늘이나 갈대밭에서 왔다 갔다 날아다니면서 암컷을 찾아다닌다. 수컷끼리 텃세를 부리지 않고 서로 같이 날아다니기도 한다. 어떤 때는 여러 마리가 같은 곳에서 날기도 한다. 재빨리 날지는 않지만 눈치가 빨라서 사람이 다가가면 금세 날아간다. 암컷은 둘레 풀숲에서 살아서 잘 볼 수 없다가 짝짓기 때가 되면 물가로 날아온다. 수컷과 암컷이 만나면 풀숲으로 들어가 짝짓기를 한다. 짝짓기를 마치면 암컷 혼자 물낯을 낮게 날다가 물 위에 떠 있는 물풀 줄기나 나무 따위에 알을 붙여 낳는다. 일주일쯤 지나면 알에서 애벌레가 깨어 나온다. 애벌레는 물속에 들어가 겨울을 나고 이듬해 6월부터 물 밖에 나와 날개돋이를 한다.

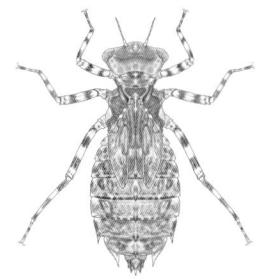

크기 40~46mm
사는 곳 들판 연못, 저수지
나오는 때 6~9월
분포 제법 흔함
겨울나기 애벌레
알 낳기 혼자, 물풀 줄기
한살이 1년 1세대

나비잠자리 *Rhyothemis fuliginosa*

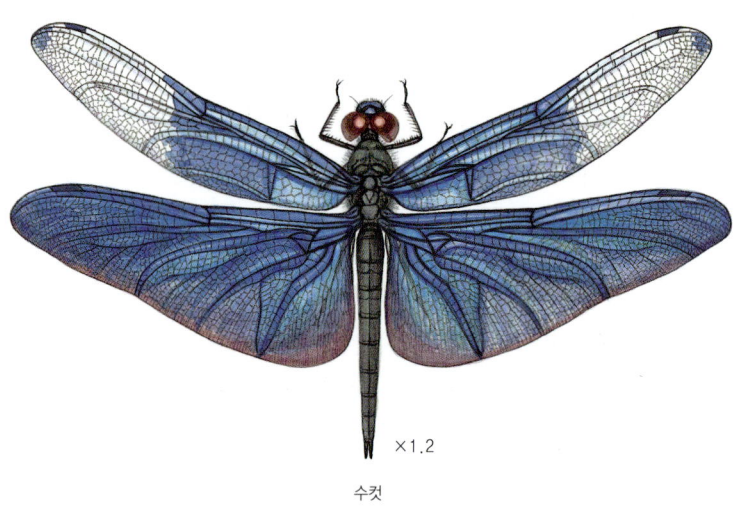

×1.2
수컷

수컷 　　　암컷

나비잠자리는 여느 잠자리와 달리 수컷 앞날개 반쯤과 뒷날개가 온통 파랗다. 암컷은 까맣다. 날개는 쇠붙이처럼 반짝반짝 빛난다. 뒷날개가 유난히 넓어서 언뜻 보면 꼭 나비를 닮았다고 '나비잠자리'라는 이름이 붙었다. 6월 말부터 9월까지 중부와 남부 지방에서 제법 많이 볼 수 있다.

나비잠자리는 물풀이 우거지고 물속에 가랑잎이 켜켜이 쌓인 늪이나 연못에서 볼 수 있다. 다른 잠자리보다 느릿느릿 나풀나풀 난다. 수컷은 물가 둘레를 지키며 높이 날다가 물속에서 뻗어 나온 물풀 줄기에 잘 내려앉는다. 다른 수컷이 자기 사는 곳에 들어오면 하늘로 치솟아 서로 날개를 부딪치면서 심하게 싸운다. 가끔 싸우다 날개를 다치기도 한다. 짝짓기를 마친 암컷은 혼자서 물낯을 스치듯 날아다니다가 물풀이 수북한 곳에서 꽁무니를 물낯에 톡톡 두드리며 알을 낳는다. 일주일쯤 지나면 알에서 애벌레가 깨어 나온다. 애벌레는 중간 크기로 자란 뒤 물속에서 겨울을 나고 이듬해 6월쯤 다 커서 물 밖으로 나와 날개돋이 한다.

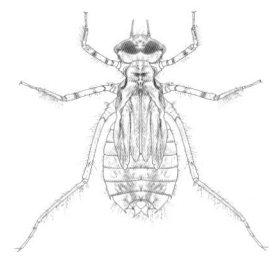

크기 36 ~ 42mm
사는 곳 들판 연못, 늪
나오는 때 6 ~ 9월
분포 제법 흔함
겨울나기 애벌레
알 낳기 혼자, 물낯
한살이 1년 1세대

남색이마잠자리 *Brachydiplax chalybea flavovittata*

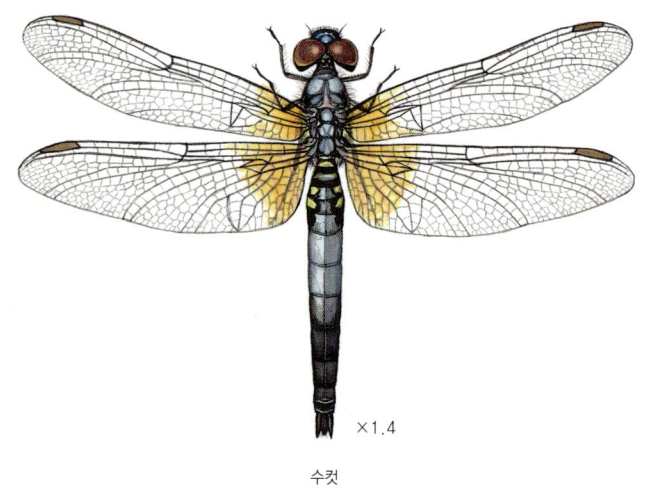

×1.4

수컷

수컷

암컷

잠자리과 남색이마잠자리속

남색이마잠자리는 이름처럼 이마에 파란빛이 돈다. 2010년에 제주도에서 처음 찾았다. 원래 인도와 동남아시아에 사는데, 바람을 타고 우리나라로 날아온다. 하지만 2012년부터 제주도에서 겨울을 나는 애벌레를 찾아낸 것으로 봐서 우리나라에서도 머물러 살게 된 것 같다.

남색이마잠자리는 암컷과 수컷 모두 옆가슴이 노랗고, 굵고 까만 줄무늬가 있다. 날개 뿌리 쪽은 노랗다. 다 큰 수컷은 4~6번째 배마디가 잿빛이고 7~10번째 배마디는 까맣다. 암컷은 배마디가 까맣고 노란 무늬가 있다. 8~10번째 배마디는 온통 까맣다.

남색이마잠자리는 들판에 물풀이 수북이 자란 연못이나 늪에서 산다. 수컷은 연못이나 늪 둘레에 자란 나뭇가지 높은 곳에 앉아 있다가 자기 둘레로 들어오는 다른 잠자리를 내쫓는다. 짝짓기를 마친 암컷은 혼자 날아다니면서 물낯에 알을 낳는다. 우리나라에서 사는 한살이는 더 밝혀져야 한다. 동남아시아에서는 한두 주쯤 지나면 알에서 애벌레가 깨어 나온다. 애벌레는 물속에서 석 달쯤 살다가 물 밖으로 나와 날개돋이를 해서 어른벌레가 된다.

크기 35~40mm
사는 곳 들판 연못, 늪
나오는 때 여름
분포 드묾
겨울나기 애벌레
알 낳기 혼자, 물낯
한살이 1년 1세대

우리 이름 찾아보기
학명 찾아보기
참고한 책
저자 소개

우리 이름 찾아보기

가

가는실잠자리 130
가시측범잠자리 176
가짜부채잠자리
　▶ 어리부채장수잠자리 186
개미허리왕잠자리 154
검은물잠자리 82
검은실잠자리 ▶ 검은물잠자리 82
검은줄실잠자리
　▶ 등검은실잠자리 94
검은줄은잠자리 ▶ 먹줄왕잠자리 142
검정측범잠자리 174
고추잠자리 226
고추잠자리 ▶ 고추좀잠자리 236
고추좀잠자리 236
긴꼬리고추잠자리 260
긴무늬왕잠자리 150
깃동잠자리 246
깃동잠자리붙이
　▶ 산깃동잠자리 248
꼬마잠자리 224
꼬마측범잠자리 182

나

나비잠자리 268
날개띠좀잠자리 230
날개잠자리 262
남방왕잠자리 138
남색이마잠자리 270
넉점박이잠자리 212
넓은꼬리등줄잠자리
　▶ 마아키측범잠자리 160
넓은날개곤봉잠자리
　▶ 백두산북방잠자리 200
넓은배잠자리 ▶ 배치레잠자리 222
네점잠자리 ▶ 넉점박이잠자리 212

노란띠좀잠자리
　▶ 날개띠좀잠자리 230
노란멧잠자리
　▶ 노란잔산잠자리 206
노란배측범잠자리 168
노란실잠자리 112
노란작은등줄잠자리
　▶ 가시측범잠자리 176
노란잔산잠자리 206
노란잠자리 242
노란측범잠자리 178
노란허리잠자리 266
누런고추잠자리 ▶ 노란잠자리 242
누런날개곤봉잠자리
　▶ 밑노란잠자리 198
누런뺨고추잠자리
　▶ 들깃동잠자리 250
눈썹고추잠자리
　▶ 두점박이좀잠자리 240

다

대륙가을고추잠자리
　▶ 대륙고추좀잠자리 238
대륙고추잠자리 ▶ 대륙좀잠자리 232
대륙고추좀잠자리 238
대륙좀잠자리 232
대마도좀잠자리
　▶ 긴꼬리고추잠자리 260
대모잠자리 210
도깨비왕잠자리 144
된장잠자리 264
두점박이좀잠자리 240
두점배좀잠자리 254
둥근무늬등줄잠자리
　▶ 호리측범잠자리 164
들깃동잠자리 250

등검은실잠자리 94
등줄실잠자리 92

마

마당잠자리 ▶ 된장잠자리 264
마아키측범잠자리 160
만주멧잠자리 ▶ 만주잔산잠자리 208
만주잔산잠자리 208
먹줄왕잠자리 142
메고추잠자리 ▶ 날개띠좀잠자리 230
멧잠자리 ▶ 잔산잠자리 204
모기잡이잠자리
　▶ 잘록허리왕잠자리 146
묵은실잠자리 128
물잠자리 84
밀잠자리 214
밀잠자리붙이 228
밑노란잠자리 198
밑누런곤봉잠자리
　▶ 밑노란잠자리 198

바

반달실잠자리 ▶ 황등색실잠자리 102
밤색이마고추잠자리
　▶ 깃동잠자리 246
방울실잠자리 118
배치레잠자리 222
백두산북방잠자리 200
범잠자리 ▶ 언저리잠자리 192
별무늬왕잠자리
　▶ 별박이왕잠자리 132
별박이왕잠자리 132
부채실잠자리 ▶ 방울실잠자리 118
부채잠자리 ▶ 부채장수잠자리 188
부채장수잠자리 188
북곤봉잠자리

274　우리 이름 찾아보기

▶ 삼지연북방잠자리 196
북방실잠자리 88
북방아시아실잠자리 106
붉은배고추잠자리
▶ 긴꼬리고추잠자리 260
붉은허리잠자리
▶ 노란허리잠자리 266

사
산깃동고추잠자리
▶ 산깃동잠자리 248
산깃동잠자리 248
산잠자리 202
산측범잠자리 170
삼지연북방잠자리 196
새노란실잠자리 114
색시잠자리▶ 날개띠좀잠자리 230
소금쟁이흰잠자리
▶ 중간밀잠자리 216
쇠측범잠자리 172

아
아세아실잠자리
▶ 아시아실잠자리 104
아시아실잠자리 104
애기고추잠자리▶ 애기좀잠자리 256
애기잠자리▶ 검정측범잠자리 174
애기좀잠자리 256
애별박이왕잠자리 134
어리부채장수잠자리 186
어리장수잠자리 184
어리측범잠자리 162
언저리잠자리 192
얼룩왕잠자리
▶ 애별박이왕잠자리 134
얼룩왕잠자리
▶ 참별박이왕잠자리 136
여름고추잠자리
▶ 여름좀잠자리 234

여름좀잠자리 234
연분홍실잠자리 116
연한줄실잠자리
▶ 작은등줄실잠자리 90
왕등줄실잠자리 100
왕실잠자리 98
왕잠자리 140
은왕잠자리▶ 왕잠자리 140

자
자루측범잠자리 166
자실잠자리 120
작은거품띠잠자리
▶ 밀잠자리붙이 228
작은검은등줄잠자리
▶ 쇠측범잠자리 172
작은날개파란실잠자리
▶ 좀청실잠자리 124
작은등줄실잠자리 90
작은말잠자리
▶ 어리장수잠자리 184
작은메잠자리▶ 잔산잠자리 204
작은밤색이마고추잠자리
▶ 신깃동잠자리 248
작은실잠자리 110
작은실잠자리▶ 북방실잠자리 88
잔산잠자리 204
잘록허리왕잠자리 146
장수잠자리 190
좀청실잠자리 124
줄별잠자리
▶ 애별박이왕잠자리 134
중간밀잠자리 216
진노란잠자리 244
짤룩허리잠자리
▶ 개미허리왕잠자리 154

차
참노란실잠자리▶ 노란실잠자리 112

참별박이왕잠자리 136
참북방잠자리 194
참실잠자리 86
초파리잠자리▶ 고추잠자리 226
측범잠자리 180

카
큰날개잠자리▶ 날개잠자리 262
큰누런고추잠자리
▶ 진노란잠자리 244
큰등줄실잠자리 96
큰무늬왕잠자리 152
큰밀잠자리 218
큰산잠자리▶ 산잠자리 202
큰실잠자리▶ 왕실잠자리 98
큰자실잠자리 122
큰청실잠자리 126
큰흰잠자리▶ 큰밀잠자리 218

파
푸른무늬실잠자리
▶ 푸른아시아실잠자리 108
푸른물실잠자리▶ 물잠자리 84
푸른아시아실잠자리 108
푸른잠자리▶ 긴무늬왕잠자리 150

하
하나잠자리 258
한국개미허리왕잠자리 156
한라별왕잠자리 158
호리측범잠자리 164
호박점잠자리▶ 대모잠자리 210
홀쭉밀잠자리 220
황등색실잠자리 102
황줄왕잠자리 148
흰뺨고추잠자리
▶ 흰얼굴좀잠자리 252
흰얼굴좀잠자리 252
흰잠자리▶ 밀잠자리 214

학명으로 찾아보기

A

Aciagrion migratum 작은실잠자리 110
Aeschnophlebia anisoptera 큰무늬왕잠자리 152
Aeschnophlebia longistigma 긴무늬왕잠자리 150
Aeshna crenata 참별박이왕잠자리 136
Aeshna juncea 별박이왕잠자리 132
Aeshna mixta 애별박이왕잠자리 134
Anaciaeschna martini 도깨비왕잠자리 144
Anax guttatus 남방왕잠자리 138
Anax nigrofasciatus 먹줄왕잠자리 142
Anax parthenope julius 왕잠자리 140
Anisogomphus maacki 마아키측범잠자리 160
Anotogaster sieboldii 장수잠자리 190
Asiagomphus coreanus 노란배측범잠자리 168
Asiagomphus melanopsoides 산측범잠자리 170
Atrocalopteryx atrata 검은물잠자리 82

B

Boyeria jamjari 한국개미허리왕잠자리 156
Boyeria Maclachlani 개미허리왕잠자리 154
Brachydiplax chalybea flavovittata
   남색이마잠자리 270
Burmagomphus collaris 자루측범잠자리 166

C

Calopteryx japonica 물잠자리 84
Ceriagrion auranticum 새노란실잠자리 114
Ceriagrion melanurum 노란실잠자리 112
Ceriagrion nipponicum 연분홍실잠자리 116
Coenagrion johanssoni 참실잠자리 86
Coenagrion lanceolatum 북방실잠자리 88
Copera annulata 자실잠자리 120
Copera tokyoensis 큰자실잠자리 122
Crocothemis servilia mariannae 고추잠자리 226

D

Davidius lunatus 쇠측범잠자리 172
Deielia phaon 밀잠자리붙이 228

E

Epitheca marginata 언저리잠자리 192
Epophthalmia elegans 산잠자리 202

G

Gomphidia confluens 어리부채장수잠자리 186
Gynacantha japonica 잘록허리왕잠자리 146

I

Indolestes peregrinus 가는실잠자리 130
Ischnura asiatica 아시아실잠자리 104
Ischnura elegans 북방아시아실잠자리 106
Ischnura senegalensis 푸른아시아실잠자리 108

L

Lamelligomphus ringens 노란측범잠자리 178
Lestes japonicus 좀청실잠자리 124
Lestes temporalis 큰청실잠자리 126
Libellula angelina 대모잠자리 210
Libellula quadrimaculata 넉점박이잠자리 212
Lyriothemis pachygastra 배치레잠자리 222

M

Macromia amphigena 잔산잠자리 204
Macromia daimoji 노란잔산잠자리 206
Macromia manchurica 만주잔산잠자리 208
Mortonagrion selenion 황등색실잠자리 102

N

Nannophya pygmaea 꼬마잠자리 224
Nihonogomphus minor 꼬마측범잠자리 182

O

Ophiogomphus obscurus 측범잠자리 180
Orthetrum albistylum speciosum 밀잠자리 214
Orthetrum japonicum internum
   중간밀잠자리 216
Orthetrum lineostigma 홀쭉밀잠자리 220

Orthetrum melania 큰밀잠자리 218

P

Pantala flavescens 된장잠자리 264
Paracercion calamorum 등검은실잠자리 94
Paracercion hieroglyphicum 등줄실잠자리 92
Paracercion melanotum 작은등줄실잠자리 90
Paracercion plagiosum 큰등줄실잠자리 96
Paracercion sieboldii 왕등줄실잠자리 100
Paracercion v-nigrum 왕실잠자리 98
Platycnemis phyllopoda 방울실잠자리 118
Polycanthagyna melanictera 황줄왕잠자리 148
Pseudothemis zonata 노란허리잠자리 266

R

Rhyothemis fuliginosa 나비잠자리 268

S

Sarasaeschna pryeri 한라별왕잠자리 158
Shaogomphus postocularis 어리측범잠자리 162
Sieboldius albardae 어리장수잠자리 184
Sinictinogomphus clavatus 부채장수잠자리 188
Somatochlora clavata 백두산북방잠자리 200
Somatochlora graeseri 밑노란잠자리 198
Somatochlora metallica 참북방잠자리 194
Somatochlora viridiaenea 삼지연북방잠자리 196
Stylurus annulatus 호리측범잠자리 164
Sympecma paedisca 묵은실잠자리 128
Sympetrum baccha 산깃동잠자리 248
Sympetrum cordulegaster 긴꼬리고추잠자리 260
Sympetrum croceolum 노란잠자리 242
Sympetrum darwinianum 여름좀잠자리 234
Sympetrum depressiusculum
  대륙고추좀잠자리 238
Sympetrum eroticum 두점박이좀잠자리 240
Sympetrum fonscolombii 두점배좀잠자리 254
Sympetrum frequens 고추좀잠자리 236
Sympetrum infuscatum 깃동잠자리 246

Sympetrum kunckeli 흰얼굴좀잠자리 252
Sympetrum parvulum 애기좀잠자리 256
Sympetrum pedemontanum elatum
  날개띠좀잠자리 230
Sympetrum risi 들깃동잠자리 250
Sympetrum speciosum 하나잠자리 258
Sympetrum striolatum imitoides
  대륙좀잠자리 232
Sympetrum uniforme 진노란잠자리 244

T

Tramea virginia 날개잠자리 262
Trigomphus citimus 가시측범잠자리 176
Trigomphus nigripes 검정측범잠자리 174

참고한 책

단행본

《곤충의 비밀》이수영, 예림당, 2000
《세밀화로 그린 보리 어린이 곤충도감》권혁도, 보리, 2010
《쉽게 찾는 우리 곤충》김진일, 현암사, 2010
《식물곤충사전》백과사전출판사. 1991
《우리 산에서 만나는 곤충 200가지》국립수목원, 지오북, 2013
《조영권이 들려주는 참 쉬운 곤충 이야기》조영권, 철수와영희, 2016
《주머니 속 곤충도감》손상봉, 황소걸음, 2013
《필드가이드 잠자리》김성수, 필드가이드, 2011
《하천생태계와 담수무척추동물》김명철, 천승필, 이존국, 지오북, 2013
《한국 잠자리 유충》정광수, 자연과생태, 2011
《한국의 잠자리 123종》정광수, 자연과생태, 2012
《한국의 잠자리 생태도감》정광수, 일공육사, 2007
《한국의 잠자리·메뚜기 외》김정환, 교학사, 1998

외국 책

《Field Guide to the Dragonflies and Damselflies of Great Britain and Ireland》Steve Brooks, BWP, 1997
《Dragonflies and Damselflies of California》Tim Manolis, University of California Press, 2003
《Pareys Buch der Insekten》Michael chinery, Verlag Paul Parey · Hamburg und Berlin, 1986
《Der Kosmos-Insektenführer》J.Zahradnik, Kosmos, 1989
《近畿のトンボ図鑑》, 山本哲央 外, いかだ社, 2009
《日本産トンボ幼虫 成虫 検索図説》石田昇三 外, 東海大学出版会, 1988

논문

- JUNG, K. S., 2010. Addition and deletion in Korean Odonata checklist. Journal of Odonata Society of Korea. 2: 51-55. (in Korean).
- JUNG, K. S., 2010. Order Odonata. pp. 27-30. In: Paek, M. K., Hwang, J. M., Jung, K. S., Kim, T. W., Kim, M. C., Lee, Y. J., Cho, Y. B., Park, S. W., Lee, H. S., Ku, D. S., Jeong, J. C., Kim, K. G., Choi, D. S., Shin, E. H., Hwang, J. H., Lee, J. S., Kim, S. S. & Bae, Y. S., Checklist of Korean Insect. Nature & Ecology, Academic Series 2. 598 pp., Seoul, Korea.
- JUNG K. S. JANG J. W, and LEE J. E., 2011. First Record of the Genus Brachydiplax (Odonata: Libellulidae) from Korea. The Entomological Society of Korea, Program and Abstracts. 30p.

글 | 정광수

2002년부터 우리나라에 사는 잠자리를 찾아 온 나라를 돌아다녔습니다. 그렇게 발품을 해서 2007년 우리나라에 사는 잠자리 125종을 정리한 《한국의 잠자리 생태도감》을 펴냈습니다. 또 2011년에는 잠자리 애벌레만 따로 모아 《한국 잠자리 유충》과 2012년에는 길잡이 도감인 《한국의 잠자리》를 펴냈습니다. 2010년에는 우리나라에만 사는 한국개미허리왕잠자리를 맨 처음 찾아 신종으로 발표했습니다. 2007년부터 한국잠자리연구회를 세우고 세계잠자리학회(WDA)와 일본 잠자리학회(TOMBO) 회원으로 잠자리 연구에 힘쓰고 있습니다. 지금은 멸종 위기 종을 고르고, 우리나라에 사는 곤충 생태계를 함께 연구하면서 잠자리 생태를 여러 사람에게 알리고 있답니다.

그림 | 옥영관

1972년 서울에서 태어났습니다. 어릴 때 살던 동네는 아직 개발이 되지 않아 둘레에 산과 들판이 많았답니다. 그 속에서 마음껏 뛰어놀면서 늘 여러 가지 생물에 호기심을 가지고 자랐습니다. 고등학교 다닐 무렵 우연히 화실을 알게 되어 화가를 꿈꾸게 되었습니다. 홍익대학교 미술대학과 대학원에서 회화를 공부하고 작품 활동과 전시회를 여러 번 열었습니다. 또 8년 동안 방송국 애니메이션 동화를 그리기도 했습니다. 몇 해 전부터 우연인지 필연인지 생태 그림을 그려 왔던 친구와 편집자 권유로 딱정벌레, 나비, 잠자리 그림을 그리고 있습니다. 또 틈틈이 산과 들에 나가 어릴 적 함께 놀던 여러 곤충들을 관찰하며 지내고 있답니다.